JN301357

わしづかみシリーズ

経営分析を学ぶ

田中　弘
山下　壽文
著

税務経理協会

読者の皆さんへのメッセージ

「経営分析」といいますと，会計学や経営学の専門知識がないと無理だとか，きっと数学の知識が必要だ，と考えがちです。それは違います。

また，「経営」と「分析」の両方がわからないと「経営分析」もわからないような気がするかも知れませんが，実は，そうではありません。

「経営分析」は経営者や従業員にとっては「**わが社の健康診断**」であり，投資家なら「**投資先を決めるときのキー・ファクター**」です。「経営分析」は，わが社（投資先）の問題を発見し，その**問題を解決するための基本的な技法**でもあるのです。

そこで必要とされるのは，ごくごく当たり前の経済常識です。「売上げが伸びない」「人件費がかさんで利益が出せない」「固定費の回収ができない」「資金繰りが難しくなってきた」といったような悩みでも，多くの場合，解決策は，身近なところ，足元にあります。

「売上げが伸びない」のは，お店に，お客さんが「おや？」と思うような品が揃っていないからかもしれません。売れ筋の在庫を品切れさせていることはありませんか。いや，最近の売れ筋商品をちゃんと研究していますか。もしかしたら，看板の位置が悪いとか，駐車場がないことが原因かもしれないのです。

「人件費がかさんで利益が出せない」というのであれば，従業員や店員の給料の一部を売上げに連動するようにしてはいかがですか。売上げが伸びると，それに応じて従業員やアルバイトの報酬が増えるようにするのです。きっと，従業員・店員・アルバイトのみなさんも経営者になったように販売努力をすると思います。解決策は，**人件費を固定費と考えず，変動費にすること**かもしれません。

　「資金繰りが苦しくなってきた」という悩みは，中小企業の経営者にとっては，昼も夜も，寝ても覚めても，「どこか貸してくれるところはないか」「今月末満期の手形が不渡りになったらどうしようか」といった未来永劫とも感じる悩みかもしれません。

　大企業であれ中小企業であれ，収益性が高い企業の場合，**将来を見据えた投資活動が活発**ですから，**資金需要も旺盛**で，ときには**先行投資**や**研究開発**に必要な資金の手当てが遅れることもあります。そうしたときに，そうした投資計画や研究計画を支えるだけの**「収益力」「成長性」**があることを証明するのは，会社の**財務諸表**です。財務諸表の作り方は知らなくても，その使い方（銀行などに自社の収益力や成長性を説明すること）には習熟しておきたいですね。

　みなさんが手にしたこの本は，**経営分析の基本的な技法**を紹介したものですが，本書がみなさんの**事業運営，投資活動，就職先の選定**などに役立つことができれば幸いです。

2010年初夏

田中　　弘

山下　壽文

Contents

読者の皆さんへのメッセージ

CHAPTER 1　何のために会社を分析するか
1. 大倒産時代の到来……………………………………………… 2
2. 経営者は自分の会社のことがわからない…………………… 3
3. 投資する前に，投資先のことを知っておく………………… 4
4. 取引先は安心できるか………………………………………… 5
5. 消費者の立場から見た会社のこと…………………………… 6
6. 就職先としての会社を知る…………………………………… 7

CHAPTER 2　会社を分析するには何を用意すればよいか
1. 会社が作成するデータ（1次データ）………………………10
2. 加工・分析されたデータ（2次データ）……………………11
3. 会社や業界の情報………………………………………………13

CHAPTER 3　経営分析によって何を知ることができるか
1. 会社は儲かっているかどうかを読むことができる…………16
2. 売上げの質を読む………………………………………………18
3. 隣の会社と比べて，どっちが儲かっているかを知ることができる……………………………………………………………19
4. 会社は，どういう活動で儲かっているのかを読むこと

　　　　ができる……………………………………………………………19
　　■5　会社は健全に成長しているかどうかを判定できる…………20
　　■6　会社の資本は有効に使われているかを判断できる…………20
　　■7　会社は借金を返す力があるかどうかがわかる………………22
　　■8　会社はどのくらい社会に貢献しているかが読める…………23
　　■9　会社は資金繰りがうまくいっているかどうかがわかる……24

CHAPTER 4　会社は儲かっているか
　　■1　儲け（利益）にはいろいろある………………………………28
　　■2　売上高利益率で儲かっているかどうかを見る………………30
　　■3　任天堂とトヨタ自動車の儲けを比べる………………………32
　　■4　日産自動車は蘇ったか…………………………………………36

CHAPTER 5　隣の会社と比べて儲かっているか
　　■1　儲けを比べる指標に何があるか………………………………42
　　■2　儲けを比べるときの落し穴……………………………………44
　　■3　儲けは同業種で比べる…………………………………………45
　　■4　儲けは時系列で見る……………………………………………47
　　■5　アサヒビールとキリンビールの儲けを比べる………………49

CHAPTER 6　次期の売上高を読む
　　■1　トヨタ自動車と任天堂の業績を予想する……………………56
　　■2　売上高の推移を見る……………………………………………60
　　■3　Ｚグラフで何がわかるか………………………………………63

CHAPTER 7　会社の成長を読む
　　■1　片対数グラフで推移を見る……………………………………66
　　■2　年度で時系列に成長を見る……………………………………68

目 次 ◆

3 スターバックスとドトールを比べる……………………70

CHAPTER 8　会社は健全に成長しているか
（成長の安定性を分析する）

1 成長性比較グラフ：任天堂………………………………78
2 成長性比較グラフ：アーバンコーポレーション…………80
3 スターバックスとドトールを比べる……………………83

CHAPTER 9　いくら売れれば損しないか（損益分岐点）

1 損益分岐点で何がわかるか………………………………88
2 損益分岐点はどのようにして改善するか………………91
3 Ｎ社の損益分岐点比率改善の事例………………………94
4 安全余裕率を求める………………………………………96
5 変動費と固定費の区分のメリット………………………96

CHAPTER 10　資本は有効に使われているか

1 資本回転率で資本の有効利用を見る …………………100
2 資本利益率で資本の有効利用を見る …………………101
3 ヤマダ電機と三井不動産を比べる ……………………102
4 キリンビールとアサヒビールを比べる ………………103
5 ＲＯＥやＲＯＩＣで資本の有効利用を見る …………109

CHAPTER 11　売上げの質はよいか

1 なぜ売上げの質に目を向けるのか ……………………114
2 黒字倒産：アーバンコーポレーション ………………115
3 棚卸資産と売上債権から売上げの質を見る …………117
4 粗利益は売上げの質の目安である ……………………118
5 国際会計基準の導入で売上高が変わる ………………119

3

CHAPTER 12　危ない会社の見分け方
- **1** 債務超過はどのような状態か …………………………126
- **2** 負債と純資産の財務構造を見る …………………………128
- **3** 負債比率で危ない会社を見分ける …………………………131
- **4** 自己資本比率で危ない会社を見分ける …………………135
- **5** ドトールとスターバックスを比べる …………………………138

CHAPTER 13　会社は借金を返す力があるか
- **1** 貸借対照表のしくみはどうなっているか …………………142
- **2** 流動比率と当座比率で短期支払能力を見る ………………144
- **3** ドトールとスターバックスを比べる …………………………150
- **4** 固定比率と固定長期適合率で長期支払能力を見る ………153
- **5** ドトールとスターバックスを比べる …………………………158

CHAPTER 14　資金繰りはうまくいっているか
- **1** 満席にさせないテクニック …………………………………162
- **2** 資金とは何か …………………………………………………163
- **3** どのような資金情報が必要か ………………………………164
- **4** カレンダーを利用した資金繰り ……………………………166
- **5** 実績の資金表と見積もりの資金表 …………………………167
- **6** 見積損益計算書と見積資金繰表 ……………………………169
- **7** 1部制の資金繰表 ……………………………………………172
- **8** 3部制の資金繰表 ……………………………………………174
- **9** 資金繰りはボクシング ………………………………………177

CHAPTER 15　キャッシュ・フロー計算書
- **1** 営業循環とキャッシュ・フロー計算書 ……………………180
- **2** キャッシュ・フローとは ……………………………………180

目 次 ◆

3	直接法と間接法 …………………………………185
4	3つのキャッシュ・フロー ……………………187
5	キャッシュ残高を読む …………………………190

CHAPTER16　会社は社会に貢献しているか

1	給料を減らせば利益は増える …………………194
2	儲け過ぎに対する社会的批判 …………………195
3	生産性とは何か …………………………………195
4	付加価値とは何か ………………………………197
5	付加価値の計算 …………………………………199
6	減価償却費の扱い ………………………………200
7	付加価値は適正に配分されているか …………201
8	付加価値の増減と企業成長の健全性 …………204

CHAPTER17　付加価値から何が読めるか

1	労働生産性と資本生産性 ………………………208
2	付加価値生産性の展開 …………………………209
3	労働装備率と設備生産性 ………………………212
4	設備生産性の展開 ………………………………216
5	労働分配率と資本分配率 ………………………219
6	資本分配率の分析 ………………………………223

CHAPTER18　企業集団はどのように分析するか

1	企業集団とは何か ………………………………226
2	企業集団の財務諸表 ……………………………229
3	親会社と企業集団を比較してみる ……………229
4	貸借対照表を比べてみる ………………………230
5	損益計算書を比べてみる ………………………232

| 6 | 企業集団は，どの事業で儲けているか ……………………234
| 7 | 企業集団は，どこで稼いでいるか ……………………………235
| 8 | 個別財務諸表と連結財務諸表をどう使い分けるか ………236

エピローグ　よい会社の条件

| 1 | 経営計画と経営戦略を読む ………………………………………240
| 2 | 配当性向・配当率・配当倍率を読む ……………………………249
| 3 | 最近のよい会社とは ………………………………………………252

索　　引…………………………………………………………………259

CHAPTER 1

何のために会社を分析するか

1　大倒産時代の到来
2　経営者は自分の会社のことがわからない
3　投資する前に，投資先のことを知っておく
4　取引先は安心できるか
5　消費者の立場から見た会社のこと
6　就職先としての会社を知る

1 大倒産時代の到来

大きな会社でも，**倒産する時代**になりました。

最近の**倒産事例**をみますと，会社の経営者や従業員でさえ，気をつけていないと直前まで自分の会社が倒産することにも気がつかないようです。

会社が倒産すると，会社の経営者はもちろん，従業員も取引先も，会社に金を貸していた銀行なども，大きな被害にあいます。

しかし，会社の倒産は，ある日，突然やってくるものではありません。少し気をつけていれば，かなり前から**経営がおかしくなる予兆**があるものです。

多くの場合，そうした**予兆**は，**会社の会計データ**に現れます。たとえば，「**売掛金が急激に増えた**」とか，「**返品や在庫が増えた**」とか，「**現金預金が急に減少した**」とか……社内にいれば誰でも気がつくことが多いのです。

本書がテーマとする**会社の分析**（**経営分析**）では，そうしたことから，主に，**会計のデータ**を扱っています。

会社が倒産する前に，何らかの対策をたて，可能であれば倒産を回避し，会社の建て直しをはかることができれば，倒産の悲劇を避け，損害・被害を最小限に抑えることができるかもしれないのです。

もっと積極的には，会社の経営を軌道に乗せ，事業を拡大して，業界

のナンバーワン企業になり，そして，**国際企業**になり，さらには世界の**リーディング・カンパニー**になるために，**経営分析の技法**を活用したいものです。

以下，会社の経営分析が役に立つと思われるシーンごとに，経営分析がどのように役立っているかを，簡単に紹介したいと思います。

2 経営者は自分の会社のことがわからない

個人経営の店の場合でも，**証券取引所に上場**しているような大規模会社の場合でも，経営者が自分の会社がどうなっているのかを知らないケースが多いようです。

個人企業の場合は，**経理のことは公認会計士や税理士の先生**にまかせきりにしていることも少なくありません。また，大企業の場合は，規模が大きすぎて，**経営者が，わが身のことが把握できない**ことが多いようです。

しかし，会社の**会計データ**を少し気をつけてみていると，**わが社の現状**も，**最近の動向**も，さらには**問題点**まで見通せるのです。

たとえば，**月次の売上高の変化**とか，**電気代（電力消費量）**や**残業手当**，あるいは，**販売員交通費**などの増減をチェックするだけでも，製造部門や管理部門，販売部門の活動を把握することができるのです。

自分の会社のことですから，他人にまかせきりにせず，会計データを集めて，自分の会社を分析してみることを勧めます。

3　投資する前に，投資先のことを知っておく

　読者の皆さんが「**投資家**」だとしましょう。企業の**経営者**でも本業以外の「投資」を行う場合は同じです。**余裕資金**があるからといって，うわさだけを頼りに株を買ったり，最近のはやりだからといってろくに調査もせずにベンチャー・ビジネスに投資するのは，大けがのもとです。

　会社の株を買うのなら，その会社について，ひととおりのことを調べてからにすべきです。

　「あの会社は，どうも大型の新製品の開発に成功したようだ」，といった噂を信じて株を買ったところ，インチキ情報で，けっきょく大損したといった話は後を絶ちません。

　大型の開発に成功するような会社は，2－3年前から，巨額の**研究開発投資**をしているはずです。そうした情報は，会社の**財務諸表**を見れば書いてあります。そうした情報を読まずに噂だけで投資先を決めるのは，サイコロを振って投資先を決めるようなものです。

　賢い投資家は，投資しようと考えている会社について，**収益性**が高いかどうか，**安全性**（負債の返済能力）は十分かどうか，**将来の計画**はどうなっているか，その程度のことを調べてから投資先を決めるでしょう。そうした判断を適切にするには，**投資先の財務情報**を2－3時間も調べれば済むことです。

　株を買うにしても，ベンチャー・ビジネスに投資するにしても，最低限，その程度のことは自分で調べてみたいものです。

4　取引先は安心できるか

　これまでつきあいのなかった企業と，初めて取引に入るときは，慎重を要します。

　とくに，初めての取引先と，多額の**信用取引**（代金を後で受け取る約束で商品を販売する取引）を行うときは，できるだけ，相手先のことを調査してからにしたいものです。

　知り合いの企業と長い取引関係があるとか，地元で長年にわたって事業を営んでいるような企業であれば，めったなことはないでしょうが，あまりよく知らない企業から，有利な話を持ち込まれたり，大きな商談が入ったときは，十分に相手のことを調べてからにしないと，大けがをすることもあります。

　たとえば，海外の時計ブローカーから，日本の時計メーカーに，ファッション時計の注文が入ったとしましょう。価格などの取引条件がよいので，現地に人を派遣して契約を結び，製品を海外に発送したところ，代金の支払日になっても支払いがないので現地に問い合わせてみると，すでにブローカーの事務所は移転していて，どこへ引っ越したかわからない，などということもあるのです。

　また，有名な会社と似た名前の会社や有名会社の子会社のような名前の会社にも，気をつけなければなりません。飛び込みのセールスがきて，有名企業の製品を格安で現金販売しているなどというので，サンプルを見せてもらったら有名会社の作った本物であったので，現金を払って購入したところ，後日送られてきた箱を開いてみたら偽物だったというようなことも絶えません。

自分で調べている時間がなかったり，調べてもよくわからない場合には，信用調査のプロの手を借りることも必要です。

5　消費者の立場から見た会社のこと

投資する立場からすれば，あまり儲けていない会社よりも儲けが大きい会社のほうがよいのは当然です。しかし，**消費者の立場**からすれば，そうともいいきれません。

粗利益率が50％の店と30％の店があるとしましょう。50％というのは，売価の半分が粗利益だということです。50円で仕入れた商品を100円で売るのです。ぼろ儲けではないか，と思うかもしれませんが，生鮮食品や流行のある衣料品などは，だいたい粗利益率50％です。

30％というのは，70円で仕入れた商品を100円で売るのです。50％に比べると，良心的な商売をしているように思えるかもしれません。どうせ買うならこっちの店，と考えるのではないでしょうか。

この例からもわかるように，自分が儲ける立場（商売人・投資者）のときと，消費者としてお金を払う立場のときでは，評価が変わるのです。

消費者の立場や市民としての立場からみると，独占的な事業で大きく儲けている会社とか，力任せに市場をわがものにする会社，あるいは，地域の小さな商店を廃業に追いやって大店舗を構えるような会社を，投資者と同じ目で見ることはできません。

本書では，**企業の社会性，社会に対する貢献度**を知るために，「**付加価値の分析**」をしています。

6　就職先としての会社を知る

　最近では，いったん内定をもらった就職先から，内定を取り消されるようなことも珍しくないようになりました。しかし，就職シーズンが終わったころに内定を取り消されますと，新たな就職先を探して，たいへんな苦労をすることになります。

　わたし（田中）は，ゼミの学生に，就職の面接を受ける前に，かならずその会社の財務データを分析して，収益性や安全性を調べるように勧めています。破綻が近いような会社に就職することだけは避けさせたいからです。

　学生なら，将来，会社に勤めるだけでなく，資格を取って自分で仕事を始めるとか，親の仕事を引き継ぐとか，いろいろな道があります。どんな道を選ぼうとも，経済社会で生活する以上，誰かと経済的な取引をします。

　たとえば，商品を仕入れたり販売したりする，製品を納入する，資金を借りたり貸したりするなど，どんな場合でも，相手となる企業のことを知っておく必要があります。

　銀行や保険会社に就職すれば，**資金の融資先や投資先を選定**するために，会社を分析する仕事が待っているでしょう。証券会社が**投資先として推奨する会社を選ぶ**ためにも，それぞれの会社が**余裕資金を運用**するために株や社債を買うためにも，会社を分析することが必要です。

　ですから，就職する会社を選ぶためにも，就職した後も，向かいの会社や隣の会社をいつも分析する必要があるのです。

「うちの会社」と「隣の会社」を比べてみよう

　「うちの会社」は儲かっているのだろうか。「隣の会社」は景気が良さそうだけど，うちと比べて，どうなのだろうか。

　仕入れた商品は，適正な価格で売られているのだろうか，従業員に支払っている給料は業界の平均と比べて高いのだろうか低いのだろうか，あの会社の製品はちっとも売れていないようだけど別の事業で儲けているのだろうか。

　会社の会計データを分析すれば，こうした疑問に簡単に答えがだせます。本書では，**隣の会社と比較するテクニック**をいろいろ紹介していますので，本書を読み終えたら，ぜひ，隣や向かいの会社を分析してみてください。

CHAPTER 2

会社を分析するには何を用意すればよいか

1 会社が作成するデータ（1次データ）
2 加工・分析されたデータ（2次データ）
3 会社や業界の情報

会社を分析するためには，(1)会社が作成して社会に公表している**経営内容や会計に関するデータ**，(2)会社が公表したデータを使いやすいように加工・分析した**2次データ**，(3)**業界の平均や同業他社などの比較数値**，(4)**会社や業界に関する情報・製品に関する情報**，などが必要です。

以下，これを簡単に説明し，さらにこうした情報やデータをどこで手に入れられるかを紹介することにします。

なお，本章の話は，経営分析を行う下準備であり，経営分析の技法を学ぶうえで必須の知識というわけではありません。したがって，次章以下を先に読んでから，必要に応じてここに戻ってきてもかまいません。

1 会社が作成するデータ（1次データ）

▷株式会社

株式会社の場合は，会社法の規定により，決算期ごとに**計算書類**（**財務諸表**とほぼ同じ）を作成し，本店や支店に備え置くことになっています。株主や債権者は，こうした書類を閲覧したりコピーをとったりすることができるのです。

▷上場会社

証券取引所に**上場**しているような大規模会社の場合は，**会社法**の規定による情報公開に加えて，**金融商品取引法**の規定により，決算期ごとに，財務諸表を収容した「**有価証券報告書**」を作成し，これによって企業の活動内容を開示することが義務づけられています。

上場会社が開示する有価証券報告書は，公開されている企業情報としては，もっとも詳しいものです。経営者による営業状況の説明や生産計

Chapter 2　会社を分析するには何を用意すればよいか

画，設備投資計画などが明らかにされているし，会計情報は**公認会計士**や**監査法人の監査**を受けていることから，他の情報源よりも信頼性が高いといえます。

　有価証券報告書は，**証券取引所**の閲覧室で閲覧できますし，会社に直接請求すれば，無料で分けてくれる会社もたくさんあります。

　最近では，インターネット上のホームページで決算公告や財務情報を公開する会社も増えてきました。上場会社の場合には，インターネットの検索で，「EDINET」「エディネット」と入力すれば，各社の決算情報にアクセスすることができます。簡単に，しかも無料で会社の情報にアクセスできますので，ぜひ一度試してみてください。

▷**非上場会社**
　上場していない会社の情報を企業外部者が入手するのは，その会社の株主・債権者になるか，会社の好意によって「**事業報告書**」などを手に入れるか，会社以外のルートから入手するしか手はありません。

　会社以外のルートについては，後で詳しく紹介します。

2　加工・分析されたデータ（2次データ）

▷**上 場 会 社**
　上場している会社が開示する**有価証券報告書**を，第1次データまたは未加工データとすれば，これをもとにして**要約財務諸表**を作ったり**諸比率**を計算したデータは，第2次データまたは加工データと呼んでよいでしょう。

そうした第2次データとして一般に使われている主なものを紹介します。

日本経済新聞社『日経経営指標（全国上場会社版）』

日経のNEEDS（総合経済データバンク・システム）に蓄積された上場会社のデータを，会社別に加工・編集したもの。

▷ 非上場会社

日本経済新聞社『日経経営指標（店頭・未上場会社版）』

未上場の中堅会社約6千社について会社別に実数値・財務比率を収録したもの。非上場会社のデータは一般に入手が困難ですから，本書は貴重な存在です。ただし，法律制度による開示情報ではありません。

中小企業庁『中小企業の経営指標』

建設業，製造業，販売業，サービス業のうち，主として中小企業によってその生産（加工）または販売が行われているものを調査対象業種とし，企業の経理が比較的整備されている企業群から，資本金と従業員数を条件に選定・集計した業種別データです。本書の姉妹書として『中小企業の原価指標』があります。

TKC全国会システム委員会『TKC経営指標』

TKC（会計事務所を地盤とする情報処理サービスの会社）の会員となっている公認会計士・税理士約5千名が税務の相談を受けている約40万企業から，10万程度の法人の財務諸表を抽出し，業種別に分析したもの。本書の財務データは，税理士・会計士が顧客から入手したコンピュータ入力データです。

帝国データバンク『全国企業財務諸表分析統計』
　同社が独自に収集・蓄積した58万社のデータベースにより，規模別・産業別に財務比率平均を掲載したもの。

3　会社や業界の情報

　企業が置かれている状況を知るには，単にその会社の事情だけでなく，産業界・日本経済さらには国際的な政治や経済の動きに関する情報も必要です。そうした情報は，新聞，テレビ・ラジオ，雑誌などから得られる場合も少なくありません。

　とりわけ，**日本経済新聞**，**日経産業新聞**，**日経金融新聞**，**日刊工業新聞**などの専門紙，**週刊エコノミスト**，**週刊ダイヤモンド**，**週刊東洋経済**，**プレジデント**，**NIKKEI BUSINESS**などの経済誌は，会社情報・業界情報の宝庫です。

　また，季刊の**会社四季報**，**日経会社情報**は，証券取引所に上場している会社（外国会社を含む）の他，上場予定会社，**店頭銘柄会社**など，約3千社の業績，財務指標，大株主，売上構成などをコンパクトな形で収録しており，比較的タイムリーに出版されることから，利用価値が高い。

　この他にも，決算数値を速報するもの，美容業・クリーニング店・旅館業・病院・外食産業・倉庫業などの特殊な業種の経営指標を収録したもの，付加価値の分析などに特化したもの，国際比較のためのデータを収録したもの，などがあります。これらのデータや資料については，次の文献を参照してください。

　田中　弘著『経営分析の基本的技法（第4版）』中央経済社

CHAPTER 3

経営分析によって何を知ることができるか

1　会社は儲かっているかどうかを読むことができる
2　売上げの質を読む
3　隣の会社と比べて，どっちが儲かっているかを知ることができる
4　会社は，どういう活動で儲かっているのかを読むことができる
5　会社は健全に成長しているかどうかを判定できる
6　会社の資本は有効に使われているかを判断できる
7　会社は借金を返す力があるかどうかがわかる
8　会社はどのくらい社会に貢献しているかが読める
9　会社は資金繰りがうまくいっているかどうかがわかる

1 会社は儲かっているかどうかを読むことができる

　会社は，会計のテクニックを使って，定期的に（半年ごとや1年ごとに）**決算書**を作成します。決算書には，**損益計算書**，**貸借対照表**（バランス・シート），**キャッシュ・フロー計算書**という3つの種類があります。3つの計算書については，次の章以下で詳しく述べることにして，ここではちょっとだけ内容を紹介します。

　損益計算書には，その期間にどれだけの商品が売れたか（**売上高**），その商品をいくらで仕入れたか（**売上原価**），商品を販売するのにどれだけの人件費（給与）や経費（電気代，通信費，輸送費など）がかかったか（**販売費及び一般管理費**）などが書いてあり，その営業活動の結果，どれだけの利益（**当期純利益**）があったかが計算されます。

　損益計算書の末尾のところには，こうしてその期間に稼いだ利益額が書いてあるのですが，その額を見ても，いくらの利益があったかはわかりますが，その額が会社にとって多いのか少ないのか，適正な額なのかはわかりません。また，使っている資本（元手，最初に投資した額）に見合うだけの利益なのかどうかも，わかりません。

　そこで，会計では，次のような計算をします。この計算には，損益計算書に書いてある利益の額だけではなく，**貸借対照表**に書いてある「**資本**」の額（総資本，株主資本）も使います。

$$総資本利益率 = \frac{当期純利益}{総資本} \times 100\% \quad \cdots\cdots(1)$$

$$株主資本利益率 = \frac{当期純利益}{株主資本} \times 100\% \quad \cdots\cdots\cdots\cdots(2)$$

　上の(1)では，会社がどれだけの資本を使って，当期にどれだけの利益を上げたかを，パーセントで示すものです。いわば，会社の**経営者の利益獲得能力**を示す指標といえます。(2)は，会社の持ち主，株式会社であれば**株主にとっての利益率**を計算するものです。株主は，(1)の利益率よりも(2)の利益率に強い関心を持っています。

　具体的な話をしましょう。株主が出した（これを拠出といいます）資本が100億円で，会社はほかに銀行から300億円を借りて営業しているとしましょう。1年間の営業から，当期純利益が20億円だったとします。

　この会社の**総資本利益率**と**株主資本利益率**を計算すると，次のようになります。

$$総資本利益率 = \frac{当期純利益20}{総資本400} \times 100(\%) = 5\% \quad \cdots\cdots\cdots(1)$$

$$株主資本利益率 = \frac{当期純利益20}{株主資本100} \times 100(\%) = 20\% \quad \cdots\cdots(2)$$

　こうした計算からは，この会社が**総資本利益率**からみると平凡な利益率の会社であるが，株主からみると非常に魅力的な会社であることがわかります。

2　売上げの質を読む

　利益の額の良し悪しは，売上げの大きさとも関係しています。100億円の売上げがあるA社の利益が10億円だとします。他方，売上げが50億円ですが，利益は10億円という会社（B社）があったとしましょう。両社の売上げの質を見るには，次のような「**売上高利益率**」を計算します。

$$売上高利益率 = \frac{当期純利益}{売上高} \times 100 (\%)$$

では，A，B両社の売上高利益率を計算してみましょう。

A　社

$$売上高利益率 = \frac{当期純利益10億円}{売上高100億円} \times 100 = 10\%$$

B　社

$$売上高利益率 = \frac{当期純利益10億円}{売上高50億円} \times 100 = 20\%$$

　A社は，100円売るごとに10円の利益が上がる会社ですが，B社は，100円の売上げがあるたびに20円の利益がでる会社です。どちらの会社が**売上げの質**（100円の売上げの中にどれだけの利益が含まれているか）がよいか，これでよくわかると思います。

3 隣の会社と比べて，どっちが儲かっているかを知ることができる

上で紹介した「**資本利益率**」と「**売上高利益率**」を使えば，自分が経営している（勤めている）会社と隣の会社を簡単に比較することができます。

自分の会社が隣の会社より成績が悪くてもがっかりしないで下さい。そのときこそ，本書を活用して，隣の会社，向いの会社より儲かる会社にして下さい。

4 会社は，どういう活動で儲かっているのかを読むことができる

会社は，いろいろな活動をします。商品を仕入れて販売する会社もあります。メーカーは製品を作って販売します。金融業のように，お金の貸し借りで利益を稼ぐところもあります。

会社がどういう事業（活動）で利益を上げているかは，**損益計算書**を見るとよくわかります。損益計算書には，どういう活動から利益が上がったかが示されています。たとえば，商品・製品を販売して得た利益（**売上総利益**）がいくらで，本業からの利益（**営業利益**）がいくらで，本業や金融活動から得た利益（**経常利益**）がいくらか，その期にとっては特別な損益を加減して計算した「**当期純利益**」はいくらになるか，が書いてあります。

5　会社は健全に成長しているかどうかを判定できる

　会社が**成長期**にあるのか，**停滞期**あるいは**衰退期**にあるのかは，重要なことです。成長期にある会社の場合は，資金，人材，店舗などの拡張を見据えた計画を立てなければなりません。停滞期や衰退期にある会社の場合には，撤退する事業の選択や人材の再配置やリストラを考えなければなりません。

　会社が成長期にあるかどうかは，**売上高**，**総資本**，**経常利益**，**従業員数などの変化**をみるとわかります。これらの数値が同じような比率で伸びている場合には，会社は健全な成長を遂げていると考えられます。

　しかし，売上高は伸びているのに当期純利益が減少しているという場合には，無理な販売（たとえば，**押し付け販売**）や利益を無視した販売が行われている可能性があるでしょう。

　総資本（投資）が増えているけれど売上げが増えていない場合には，投資の効果がいまだ現れていないか，その投資が無駄であったこともあります。

6　会社の資本は有効に使われているかを判断できる

　会社を始めるには，ある程度のまとまった**資金（資本）**が必要です。大きな規模の会社の場合は，株主（会社のオーナーに当たります）から資金（**株主資本**といいます）を集め，それだけでは足りないときには銀行や保険会社などから資金（**負債**といいます）を借ります。

　株主から集めた資金は「**自己資本**」，銀行などから借りた資金は「他

人資本」とも呼びます。こうした呼び方は，会社のオーナーである株主の立場から資金の出所を説明したものです。株主が出した資金も銀行が出した資金も，会社を経営するときには同じ**資金（資本）**として使います。両者が出した資金の合計を「**総資本**」と呼びます。

会社は，総資本を使って，1年間にどれだけの利益を上げたかを，次のような「**率**」で表します。

$$資本利益率 = \frac{当期純利益}{総資本（＝自己資本＋他人資本）} \times 100（\%）$$

たとえば，A社が株主から100億円，銀行から20億円の資金を集めて，1年間に6億円の利益を上げたとしましょう。この場合には，**資本利益率**は次のように計算します。なお，この式で分母に総資本を使っていますから，総資本利益率ともいいます。

$$\begin{array}{c}資本利益率\\（総資本利益率）\end{array} = \frac{当期純利益6億円}{総資本120億円} \times 100（\%）= 5\%$$

これでA社が，1年間で，使った資本の5％に当たる利益を稼いだことがわかります。この5％という数値が利益率としてよい数値なのかどうかは，これだけではわかりません。この会社の**過去の成績**と比較したり，**同業他社の利益率**と比較したり，**業界の平均値**などと比べて，利益率の良し悪しを判断します。同業他社よりも高いとか平均を大きく上回っている場合には，この会社が資本を有効に活用していることがわかります。

7　会社は借金を返す力があるかどうかがわかる

　会社に資金を出している銀行や，会社に商品などを納入している取引先は，貸したお金や商品の代金を会社が期限どおりに払ってくれるかどうかに強い関心を持っています。会社が借金を払うことができる能力を，**「債務弁済能力」**といって，次のように計算します。

　ここで「流動資産」とは，「現金と，1年以内に現金に変わる資産」をいい，たとえば，販売するために所有している商品や，値が上がることを期待して持っている有価証券などを指します。また，「流動負債」とは，「1年以内に返済しなければならない負債（借金）」を指しています。

$$流動比率 = \frac{流動資産}{流動負債} \times 100 (\%)$$

　ここで計算する**流動比率**は，短期の負債（借金）をすぐに返すとしたら財源としての流動資産がどれくらいあるかを見るものです。この比率は，一般に，200％以上あることが望ましいといわれています。

　皆さんが，もしもこの会社と取引があって，商品を**掛**で（代金は後で受け取る約束）売るとしたら，後日に代金を払ってくれるかどうかを知ることは重要です。もしかして，この会社の流動比率が200％を大きく割り込んでいたら，掛で売った代金（**売掛金**といいます）を払ってもらえないかもしれません。取引に入る前に，取引先の流動比率を計算しておきたいものです。

8　会社はどのくらい社会に貢献しているかが読める

　現代の会社（株式会社）は，多くの人たちから小口(こぐち)の資金を集め（これで，大きな資金にできます），**限りある経済資源**（輸送に使う石油も，パンを作る小麦粉も，有限の経済資源です）を使って企業活動を展開しています。ですから，現代の会社は「**利益を追求**」するだけではなく，「**資金や資源を有効に活用して経済社会に利益の一部を還元**」しなければなりません。

　会社が，社会のどの方面に，どれくらいの貢献をしているかは，**付加価値を計算**するとわかります。

　付加価値というのは，その会社が独自に作りだした価値，その会社の経営成果です。わかりやすい例として，いま，3人で雪だるまを作るとしましょう。Aさんが自分ひとりでバスケット・ボールくらいの大きさの雪だるまを作り，それをBさんに渡しました。Bさんはそれを，運動会のときに使う玉ころがしくらいの大きさにしてCさんに渡し，CさんはアドバルーンほどのⅡ大きさにしたとします。この場合，A，B，C 3人の付加価値は，それぞれが加えた雪の量です。

　もう少し現実的な話をします。東さんが小麦粉を500円で仕入れてホットケーキを作りました。それを，喫茶店を営む西さんに，1枚80円で10枚，合計800円で売り，西さんは店にきたお客さんに1枚200円で売ったとします。

　東さんは800円の収入がありましたが，その全部が東さんの企業努力の成果ではありません。800円のうち500円は小麦粉を作った人の努力の成果であり，東さんはこれに300円分の成果を積み上げたのです。これ

23

が東さんの成果,「**付加価値**」です。西さんは,1枚200円で10枚を売れば,2,000円の収入がありますが,そのうち800円は自分が努力した成果ではありません。したがって,西さんが生み出した付加価値は,2,000円－800円＝1,200円です。

　会社が独自に生み出した価値（**付加価値**）は,その会社の**社会的貢献度**を表しています。社会のどういうところに貢献しているかは,付加価値の分配を見るとわかります。

　会社は,独自に生み出した付加価値を,たとえば,従業員に（給料として）,株主に（配当として）,銀行などに（利息として）,国に（税金として）分配します。こうした分配を見ると,その会社が社会のどこに,どれだけ貢献しているかが読めるのです。

9　会社は資金繰りがうまくいっているかどうかがわかる

　有名な会社でも大規模な会社でも,突然,倒産することがあります。倒産するのは,原因が2つあります。「**債務超過**」と「**資金ショート**」です。

　債務超過というのは,会社が持っている資産（総資産）では負債（借金）を返せない状態になることをいいます。**資金ショート**というのは,今日返さなければならない借金を資金が不足して返せない状態をいいます。債務超過になったかどうかは会社の経営者にしかわかりませんが,資金がショート（不足）したかどうかはすぐにわかります。

　資金がショートすると,会社が発行した手形や小切手が決済できずに「**不渡り**」となります。「**不渡り手形**」「**不渡り小切手**」を出しますと,

Chapter 3　経営分析によって何を知ることができるか

どの銀行も取引先も取引を停止し，資金を引き上げますから，会社はたちまちにして営業ができなくなります。

　会社が作成する「**キャッシュ・フロー計算書**」を注意深く観察していますと，会社が「不渡り」を出しそうな予兆をつかむことができます。上に紹介した「**流動比率**」も，会社の資金繰りを読むためには役に立ちます。

　会計がわかると，まだまだ，いろいろなことを知ったり計算したりすることができます。たとえば，**工場別・製品別・地域別の損益を計算**すること，会社の**配当戦略**や**経営戦略**を読むこと，会社の**リスク対応**を知ること，いくら売れれば損しないか（**損益分岐点**）の計算，原価にいくらの利益を上乗せして価格を決めるべきかの計算などなど，会社のお金と損益に関することであればあらゆる計算ができるようになります。

　以上，「経営分析」を覚えると，何がわかるか，どんなことができるかを紹介してきました。それでは，次の章から，もう少し詳しく経営分析の基本的な技法を紹介したいと思います。

CHAPTER 4

会社は儲かっているか

1 儲け（利益）にはいろいろある
2 売上高利益率で儲かっているかどうかを見る
3 任天堂とトヨタ自動車の儲けを比べる
4 日産自動車は蘇ったか

1 儲け（利益）にはいろいろある

私たちは，「**任天堂**の2009年3月期の利益は2,790億円でした」とか，「**任天堂**は2009年度に2,790億円儲かりました」と聞いて，「すごいね！」と感心する。しかし，会計を少しでもかじっていれば，「それって，何の利益？」と尋ねます。利益といってもいろいろあるからです。そのいろいろな利益を示すのが**損益計算書**です。

損益計算書は，一定期間に資産を運用していくら利益を上げたかの経営成績を表します。経営成績は，**売上総利益**，**営業利益**，**経常利益**，**税引前当期純利益**および**当期純利益**に区分表示されます。

損益計算書

売 上 高 ＋ 売 上 原 価 －	
売 上 総 利 益	⇨ いくらのものをいくらで販売して粗利益（あらりえき）を稼いだかを表す
販売費及び一般管理費 －	
営 業 利 益	⇨ 販売事務や管理事務にかかる費用を控除した本業による利益を表す
営 業 外 収 益 ＋ 営 業 外 費 用 －	
経 常 利 益	⇨ 投資収益・損失や資金調達コストを加減した利益を表す。"ケイツネ"という
特 別 利 益 ＋ 特 別 損 失 －	
税引前当期純利益	⇨ 偶発的・臨時的に発生する損益を加減した法人税等控除前の利益を表す
法 人 税 等 － 法人税等調整額 ±	
当 期 純 利 益	⇨ 法人税等や税効果会計に伴う調整額を加減した法人税等控除後の利益を表す

Chapter 4　その会社は儲かっているか

　売上高から**売上原価**を控除し，**売上総利益**を計算します。売上総利益は，いくらで仕入れた（作った）ものをいくらで販売したかの差額を表し，**粗利益**（あらりえき）とも言います。売上総利益から販売事務や管理事務にかかる費用である**販売費及び一般管理費**を控除して**営業利益**を計上し，さらに受取配当金，受取利息および有価証券売却益（評価益）などの投資収益である**営業外収益**を加算し，投資損失である有価証券売却損（評価損），資金調達コストである支払利息などの**営業外費用**を控除すると**経常利益**が計上されます。

　なお，米国などのドル建てによる輸出入における円高とか円安などの為替相場による**為替損益**は，**営業外損益**に含まれ，経常損益の増減要因となります。

　経常利益に臨時的に発生する投資不動産の売却益などの**特別利益**を加算し，臨時的に発生する火災損失，リストラ関連費用などの**特別損失**を控除すると**税引前当期純利益**，さらに法人税等を控除し，税効果会計から生じる法人税等調整額を加減し，**当期純利益**が計算されます。

　売上総利益はマイナスになると売上総損失，営業利益はマイナスになると営業損失，経常利益はマイナスになると経常損失，税引前当期純利益はマイナスになると税引前当期純損失，当期純利益はマイナスになると当期純損失になります。

　なお，**上場会社**の決算報告は，**連結ベース**で行われます。**有価証券報告書**には**個別損益計算書**も掲載されますが，ケースバイケースで会社の儲けを連結ベースで分析することにします。**連結損益計算書**では，非支配株主利益を控除して当期純利益を計算しますが，個別損益計算書と連結損益計算書のしくみに大きな相違はありません。

2 売上高利益率で儲かっているかどうかを見る

損益計算書の各利益から，次のような売上高利益率を求めることができます。

```
           売上高利益率の種類
           ┌ 売上高総利益率
           │ 売上高営業利益率
売上高利益率 ┤ 売上高経常利益率
           └ 売上高当期純利益率
```

売上高総利益率は，売上高と売上総利益の比率を表し，**粗(あら)利益率**とも言います。この比率を改善するには，支店別，工場別，商品別に売上高と売上総利益の状況を検討する必要があります。

売上高総利益率低下の原因としては，①コストの上昇，②原材料費，労務費などの上昇，不能率，仕損品(しそんじひん)の増加，③売値の低下，④商品のライフサイクルの下降段階，⑤強いライバル商品の出現，⑥商品の品質の陳腐化があげられます。これらの原因を突き止め，改善することにより売上総利益を増加させることができるのです。算式は，次のとおりです。

$$売上高総利益率 = \frac{売上総利益}{売上高} \times 100 (\%)$$

売上高営業利益率は，売上高と本業の利益である営業利益との比率を表す指標です。この比率は，高いほど良い。この比率を改善するために

は，販売費及び一般管理費を切り詰める必要があります。とくに，販売費及び一般管理費の主たる部分を占める**人件費の削減**が課題となります。算式は，次のとおりです。

$$売上高営業利益率 = \frac{営業利益}{売上高} \times 100(\%)$$

　売上高経常利益率は，売上高に対しどれだけの経常利益を獲得したかを表し，各種売上高利益率のうち最も重要な比率です。この比率は高いほど良い。この比率が低いと，支払利息などの**金利負担**に問題があります。また，株式市場の乱高下などによる売買目的有価証券の**売却損益（評価損益）**，為替相場の変動による**為替損益**の発生がこの比率に影響を与えます。算式は，次のとおりです。

$$売上高経常利益率 = \frac{経常利益}{売上高} \times 100(\%)$$

　売上高当期純利益率は，売上高と法人税などを控除した後の当期純利益との比率を表す指標です（連結ベースの場合は，非支配株主利益も控除される）。不動産の売却損，火災損失，リストラ費用などの臨時損失を特別損失として計上することがあり，判断の際には注意をする必要があります。算式は，次のとおりです。

$$売上高当期純利益率 = \frac{当期純利益}{売上高} \times 100(\%)$$

3　任天堂とトヨタ自動車の儲けを比べる

　損益計算書の各利益や売上高利益率により**任天堂**がいかに儲けているか分析してみましょう。2009年3月期の決算説明会での連結ベースの損益計算書は，次のとおりです（百万円未満四捨五入のため，金額は必ずしも一致しない）。

任天堂の損益計算書（単位：百万円）

	05年3月期	06年3月期	07年3月期	08年3月期	09年3月期
売　　上　　高	515,292	509,249	966,534	1,672,423	1,838,622
売　上　原　価	298,115	294,133	568,722	972,362	1,044,981
売　上　総　利　益	217,176	215,115	397,812	700,060	793,641
（売上総利益率）	(42.1%)	(42.2%)	(41.2%)	(41.9%)	(43.2%)
販売費及び一般管理費	105,653	124,766	171,787	212,840	238,378
営　業　利　益	111,522	90,349	226,024	487,220	555,263
（営業利益率）	(21.6%)	(17.7%)	(23.4%)	(29.1%)	(30.2%)
営　業　外　収　益	37,868	70,897	63,830	48,564	32,159
（内，為替差益）	(21,847)	(45,515)	(25,741)	(－)	(－)
営　業　外　費　用	4,098	487	1,015	94,977	138,727
（内，為替差損）	(－)	(－)	(－)	(92,346)	(133,908)
経　常　利　益	145,292	160,759	288,839	440,807	448,695
（経常利益率）	(28.2%)	(31.6%)	(29.9%)	(26.4%)	(24.4%)
特　別　利　益	1,735	7,360	1,482	3,934	339
特　別　損　失	1,625	1,648	720	10,966	902
税金等調整前当期純利益	145,402	166,470	289,601	433,775	448,132
税　金　費　用	57,962	68,138	115,348	176,532	169,134
少　数　株　主　利　益	24	△46	△37	△99	△91
当　期　純　利　益	87,416	98,378	174,290	257,342	279,089
（当期純利益率）	(17.0%)	(19.3%)	(18.0%)	(15.4%)	(15.2%)

Chapter 4 その会社は儲かっているか

まず、**任天堂**の2009年3月期の売上高、営業利益、経常利益、当期純利益およびそれぞれの前年期伸び率をピックアップすると、次のとおりです（単位をわかりやすく億円に直してある）。

任天堂の損益データと伸び率（2009年3月期）

売　　上　　高	1兆8,386億円	9.9%
営　業　利　益	5,552億円	14.0%
経　常　利　益	4,486億円	1.8%
当　期　純　利　益	2,790億円	8.5%

任天堂は2009年3月期の当期純利益が2,790億円で過去最高益でした。ところで経常利益を見ると、前年比の伸び率が売上高、営業利益および当期純利益に比べると低くなっています。その原因を探るために、5期分の各比率を算出すると、次のとおりです。

任天堂の売上高利益率の推移

決　算　期	05年3月期	06年3月期	07年3月期	08年3月期	09年3月期
売上高総利益率	42.1%	42.2%	41.2%	41.9%	43.2%
売上高営業利益率	21.6%	17.7%	23.4%	29.1%	30.2%
売上高経常利益率	28.2%	31.6%	29.9%	26.4%	24.4%
売上高当期純利益率	17.0%	19.3%	18.0%	15.4%	15.2%

2007年3月期から2009年3月期を見ると、売上高総利益率と売上高営業利益率が上昇傾向にあるのに対して、売上高経常利益率と売上高当期純利益率が低下傾向にあります。

売上高は，為替レートが大幅に円高となり円換算した海外売上高を減少させる力が働いたこと，国内市場が縮小したことなどの影響を受けたにもかかわらず，海外市場での伸び，とくに消費が低迷しているヨーロッパや米国での売上増大が大きく寄与しています（**海外売上高比率**は2008年3月期の80.6％から2009年3月期には87.5％と増加）。

　売上高の伸び率に対して**売上高営業利益率の伸び率**が高いのは，為替レートの円高要因もありますが，売上原価や販売費及び一般管理費のコストダウンが順調に進んでいることを示しています。そのことは，2008年3月期と2009年3月期の売上高営業利益率の増加から窺い知ることができます。

　次に，**売上高営業利益率の伸び率**に対して**売上高経常利益率の伸び率**が低い原因は，営業外費用が営業外収益を上回っていることにあります。そこで，営業外損益をチェックすると，2005年3月期から2007年3月期までは為替差益が発生していましたが，2008年3月期に為替差損が923億円，2009年3月期に1,339億円発生しています。つまり，為替差損416億円の増加が経常利益の足を引っ張ったことがわかります。円高が経常利益に影響を与えたのです。

　それにもかかわらず，経常利益は2008年3月期の4,408億円より1.8％増の4,486億円を確保しており，売上高当期純利益率は2008年3月期より低くなっていますが，当期純利益は2008年3月期の2,573億円から8.5％増の2,790億円となっています。これは，経常利益の増加によるものです。

　任天堂は，2008年9月15日のリーマン・ブラザースの破綻以後の世界金融危機に端を発した消費低迷にもかかわらず，売上高が伸び，営業利

益が過去最高益を上げており、活力があります。ただ、今後の**任天堂**の業績見通しは、海外での売上比率の占める割合が高いことによる円高要因、ゲーム機およびゲームソフトの需要などにより左右される可能性があることを忘れてはなりません。

任天堂と対照的なのが**トヨタ自動車**です。**トヨタ自動車**は、2009年3月期決算報告で最終利益が大幅赤字になることを発表し、世間を驚かせました。その主たる原因は、世界金融危機に伴う消費低迷による自動車販売台数の激減です。とくに米国市場での落ち込みが大きく影響しました。そのほか、円高による為替差損も大幅赤字の一因となっています。2006年3月期から2009年3月期までの**トヨタ自動車**の損益計算書を分析すると、次のようになります。

トヨタ自動車の損益データ（単位：億円）

	06年3月期		07年3月期		08年3月期		09年3月期	
売 上 高	210,369	100%	239,480	100%	262,892	100%	205,295	100%
営業利益	18,783	8.9%	22,386	9.3%	22,704	8.6%	△4,610	―
当期純利益	13,721	6.5%	16,440	6.8%	17,178	6.5%	△4,369	―

トヨタ自動車の損益計算書（連結ベース）は、**米国会計基準**で作成されていますので、経常利益は表示されていません。2008年3月期に2兆2,700億円に達した営業利益は、2009年3月期には、2008年の9月15日のリーマン・ブラザースの破綻後の世界的な金融危機で個人消費が落ち込み、4,610億円の赤字になりました。

営業利益は、2兆2,704億円の黒字から4,610億円の赤字になり、2兆7,314億円の減少です。その原因は、販売面での減少1兆4,800億円、為

替変動による減少7,600億円，その他経費増4,913億円にあります。

トヨタ銀行といわれるほど**金融収入**（2007年3月期の内訳は受取配当金3,118億円，受取利息236億円，有価証券利息104億円）が大きいにもかかわらず，当期純損失は，営業損失と変わりません。その一因は，為替差損の発生や自動車ローンなどの**金融費用**の増大にあります。

このような**トヨタ自動車**の経営状況から，同社をネガティブに捉えるのは正しいでしょうか。その会社が儲かっているかどうかの判断は，景気動向などに大きく左右されます。2008年の米国発世界金融危機のような異常事態による消費低迷による売上減少，急激な円高による為替損失の発生，あるいは予期せぬ株価の下落による有価証券の評価損など，予期せぬ収益悪化に見舞われた会社について，単に数字だけでなく，その実態をしっかりと見極めて会社の良し悪しを判断する必要があります。

また，その会社は儲かっているかどうか判断する場合に，**利益操作**まがいの方法が採られる場合があるので注意する必要があります。

4　日産自動車は蘇ったか

次の**日産自動車**（連結ベース）の1999年3月期から2004年3月期における主要財務諸表をチェックして見ると意外な事実がわかります。

Chapter 4　その会社は儲かっているか

日産自動車のデータ（単位：億円）

	09年3月期	00年3月期	01年3月期	02年3月期	03年3月期	04年3月期
売　上　高	65,800	59,711	60,896	61,962	68,286	74,292
営　業　利　益	1,097	826	2,903	4,892	7,372	8,249
当　期　純　利　益	△277	△6,844	3,311	3,723	4,952	5,037
売上高営業利益率	1.7%	1.4%	4.8%	7.9%	10.8%	11.1%

　ゴーン革命などともてはやされ，**日産自動車**は蘇ったとカルロス・ゴーンの経営手腕が話題となり，関連書物も多数出版されました。しかし，その実態をみると少々首をかしげざるをえないことがあります。

　日産自動車の実権を握ったカルロス・ゴーンは，2000年3月期の決算で特別損失約7,000億円を計上しました。その内訳は，年金過去勤務費用2,758億7,600万円，事業構造改革特別損失2,326億9,200万円，製品保証引当金繰入額484億9,300万円およびその他の特別損失1,925億7,300万円です。事業構造改革特別損失は，**リストラ費用**のことです。

　通常，製品保証引当金繰入額は販売費及び一般管理費に計上されますが，会計処理方法の変更を行い，1999年4月期首時点の引当金残高を特別損失に計上しています（監査報告書では適正と認めている）。なお，販売費及び一般管理費ではなく特別損失にすると，その分営業利益が増加し，売上高営業利益率は増加します。それにより，売上高営業利益率の計画目標を達成したと発表しています。

　このように経営者の交代年度に多額の特別損失を計上して，「これは前経営者の責任です。現経営者の責任でではありません！」と宣言しま

す。これを「**ビッグバス（big bath）会計**」と言います。すでに多額の損失を計上しているので，次年度からは利益が生じます。この利益は，現経営者の功績になるのです。

日産自動車の場合，2000年3月期に含み損のある不動産を処分してその他の特別損失に計上し，2001年3月期に含み益のある不動産を処分し880億円の特別利益，同時に特別損失800億円を計上しています。また，減価償却方法を定率法から定額法へ変更しています。これにより，減価償却費が298億400万円減少し，営業利益が286億7,200万円増加しているのです。

日産自動車については，復活したと称賛するアナリストが大多数です（そういう類の本も多い）。しかし，2008年の米国発世界金融危機による個人消費の低迷による売上不振はさておき，**日産自動車**の先行きに対する不透明さを指摘する声も出ています。数字を見る限り，同社はゴーン革命により蘇っているように見えます。その会社が儲かっているかどうかを判断する場合，目先の数字にとらわれず，その実態を分析する能力を養う必要があります。

その会社が儲かっているかどうか判断する場合に，**本業の儲け**と**財テク**などによる儲けに注目する必要があります。多くの会社は，バブルの時代に財テクに走り，バブルの崩壊後経営悪化に苦しみました。財テクは会社の副業です。あくまで会社は本業で儲けることが使命です。本業をおろそかにして，財テクにのめりこんで儲けようとするのは邪道ではないでしょうか。

ただ**余裕資金**を金融資産で運用して利益を稼ぐ分には問題はありません。本業の儲けと本業以外の儲けは，売上総利益，営業利益あるいは経

常利益において示されます。それぞれの利益がどういう特徴を有するのか，十分把握して，会社の儲けの状況を判断する必要があります。

中小企業庁『中小企業の財務指標』(平成17年度版)によれば，中小企業の業種別の売上高総利益率，売上高経常利益率および売上高当期純利益率は，次のとおりです。

中小企業の業種別利益率

	売　上　高		
	総利益率	経常利益率	当期純利益率
建　　設　　業	24.9%	1.0%	0.5%
製　　造　　業	35.7%	1.7%	0.9%
情　報　通　信　業	61.4%	1.8%	1.1%
運　　輸　　業	41.1%	1.1%	0.5%
卸　　売　　業	23.6%	0.8%	0.4%
小　　売　　業	33.8%	0.3%	0.0%
不　動　産　業	69.3%	4.4%	2.7%
飲　食　宿　泊　業	65.0%	0.2%	△0.2%
サ　ー　ビ　ス　業	64.5%	1.4%	0.7%

情報通信業，不動産業，飲食宿泊業およびサービス業において，売上総利益率に対して売上高経常利益率が極端に低いのが目立ちますが，その原因は売上高に対する販売費及び一般管理費の割合が高いことにあります。

本章で計算した利益率は，%の小数点2位以下四捨五入をしています。

CHAPTER 5
隣の会社と比べて儲かっているか

1　儲けを比べる指標に何があるか
2　儲けを比べるときの落し穴
3　儲けは同業種で比べる
4　儲けは時系列で見る
5　アサヒビールとキリンビールの儲けを比べる

1　儲けを比べる指標に何があるか

　経営分析を行う場合の判断基準は，**絶対基準**ではなく**相対基準**です。「A社の当期純利益は10億円です」といっても，それが多いのか少ないのか何をもって判断すれば良いのか難しい。それを判断するためには，どの会社と比較して多いのか少ないのかという比較対象が必要になります。なお，比較の方法としては，**実数法**と**比率法**があります。

　実数法は，前期と当期あるいは数期間の損益計算書の売上高や各利益項目の金額を基に分析する方法です。これによれば，企業の実態を具体的に把握することができます。しかし，企業実態の大まかな傾向や各項目間の関係が把握できないという欠点があります。そこで，**比率法**と併用することにより，その有効性を高めます。

　比率法には，**構成比率**と**関係比率**があります。構成比率は，損益計算書の売上高を100％とし，費用・損失各項目および営業利益・経常利益・当期純利益などの比率を求めたもので，その構成比率を示した**百分比損益計算書**が作成されます。

　百分比損益計算書のなかの売上高と各利益項目の割合である**売上高総利益率**，**売上高営業利益率**，**売上高経常利益率**および**売上高当期純利益率**を**関係比率**と言います。関係比率は，異なる業界の企業間や同業種企業との相互比較の有効な手段となります。

　関係比率の比較指標として，次の3つの指標があります。

Chapter 5　隣の会社と比べて儲かっているか

関係比率の3つの比較指標

標準指標	同業種の標準値・平均値と比較することによりその会社の良し悪しを判断する	三菱総合研究所『企業経営の分析』中小企業庁『中小企業の財務分析』日本経済新聞社『日経経営指標』などを活用
他社指標	他社との比率を比較することによりその会社の良し悪しを判断する。ただし，異業種では単純に比較の優劣判断はできない。同業他社との比較が必要	
時系列指標	会社の複数期間の比率などを比較し，良し悪しの傾向を判断する。ただし，あくまで個別企業の優劣判断であるので，標準指標および他社指標を併用する必要がある	

標準指標では，同業種の標準値・平均値と比較することによりその会社の良し悪しを判断します。標準値・平均値は，**三菱総合研究所『企業経営の分析』**，**中小企業庁『中小企業の財務分析』**および**日本経済新聞社『日経経営指標』**を参考にしましょう。この他，ＴＫＣの経営指標などホームページで見ることができます。

他社指標では，他社との比率を比較することによりその会社の良し悪しを判断します。ただし，異業種間であれば，状況が異なるので単純に比較しても優劣の判断はできません。同業種との比較が必要です。

時系列指標では，会社の複数期間の比率などを比較し，良し悪しの傾向を判断します。会社の利益計算は，複数の会計処理方法のどれを採用するかにより変動します（たとえば，定額法と定率法）。したがって，同じ会計処理方法を採用していないと，会社間の利益や利益率の比較ではその良し悪しを判断できません。ただし，時系列指標はあくまで個別

43

企業の優劣判断ですので，標準指標および他社指標を併用する必要があります。

なお，相対基準では，**標準指標**，**他社指標**および**時系列指標**の各指標がそれぞれ長所や短所を有するために，どれか1つを比較指標とするのではなく，併用することにより比較指標とします。

2 　儲けを比べるときの落し穴

たとえば，次のグラフは，**ヤフー**，**トヨタ自動車**および**ブックオフ**の売上高総利益率（2007年3月期，単体ベース）を示しています。

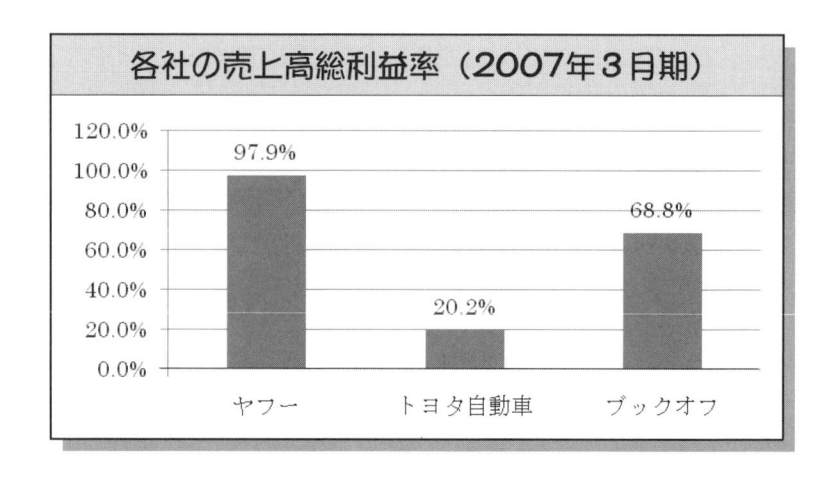

各社の売上高総利益率（2007年3月期）

会社	売上高総利益率
ヤフー	97.9%
トヨタ自動車	20.2%
ブックオフ	68.8%

このグラフを見て，**ヤフー**が**トヨタ自動車**や**ブックオフ**より儲かっているかというと，そうではありません。2007年3月期の単体ベースでの売上総利益は，トヨタ自動車2,363億円，ヤフー1,931億円，ブックオフ215億円です。これを見れば，**関係比率**だけではなく，**実数**を見なければ正しい判断はできないことがわかります。

Chapter 5　隣の会社と比べて儲かっているか

　関係比率だけを見ると，**ヤフー**はインターネットの会社で売上高に対する売上原価はほとんどなく，販売する本などただ同然で調達する**ブックオフ**も売上原価は低いので売上高総利益率は当然高くなります。**トヨタ自動車**は，生産設備を整備し，鉄などの原材料を購入して，労働者を雇って車を生産するため売上原価が嵩みます。したがって，**ヤフー**や**ブックオフ**のように売上高総利益率は高くありません。

3　儲けは同業種で比べる

　このことは，標準平均値や他社と比較する場合，同業種の比較が望ましいことを示しています。そこで，自動車メーカーである**トヨタ自動車**，**ホンダ**（登記社名は**本田技研工業**）および**日産自動車**（2007年3月期，単体ベース）を比較してみましょう。

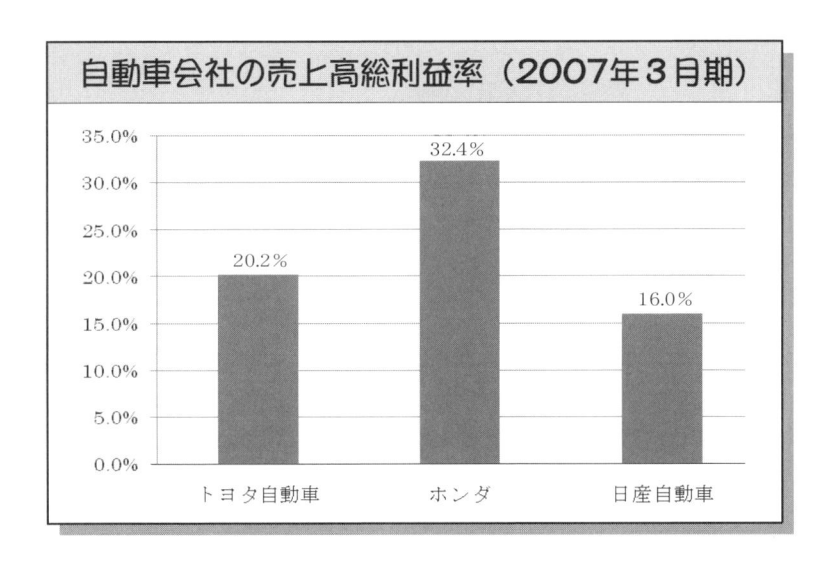

自動車会社の売上高総利益率（2007年3月期）

会社	売上高総利益率
トヨタ自動車	20.2%
ホンダ	32.4%
日産自動車	16.0%

　このグラフでは，売上高総利益率は，**ホンダ**が32.4％で一番高く，**トヨタ自動車**が20.2％，**日産自動車**が16.0％と続きます。さて，**日産自動**

車は，売上高総利益率がホンダの約2分の1でダメな会社なのでしょうか。

そこで，業界平均の数値を**三菱総合研究所『企業経営の分析』**（平成18年度版）で見ると，19.7%です。業界平均と比べても**日産自動車**は下回っています。同社は問題ありますね。このように，他社指標だけでなく標準指標を用いて比較することにより，より実態が見えてくるのです。

次に，売上高営業利益率，売上高経常利益率および売上高当期純利益率について，**トヨタ自動車，ホンダ，日産自動車**および業界平均（2007年3月期，単体ベース）を比較してみましょう。

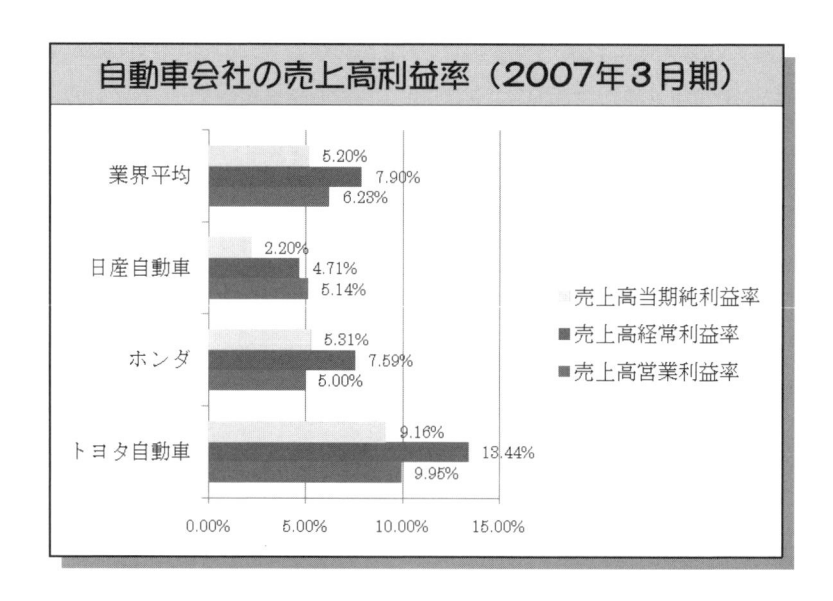

自動車会社の売上高利益率（2007年3月期）

	売上高当期純利益率	売上高経常利益率	売上高営業利益率
業界平均	5.20%	7.90%	6.23%
日産自動車	2.20%	4.71%	5.14%
ホンダ	5.31%	7.59%	5.00%
トヨタ自動車	9.16%	13.44%	9.95%

売上高総利益率で高率を誇った**ホンダ**は，売上高営業利益率では苦戦しています。わずかではありますが**日産自動車**の後塵を拝し，業界平均よりも低くなっています。これは**ホンダ**の販管費の大きさを暗示してい

ます。

しかし，**売上高経常利益率**はなんとか面目を保ち，**売上高当期純利益率**も業界平均をわずかながら上回っています。これに対して，**日産自動車**は各売上高利益率が業界平均に達せず，芳しいとはいえません。

トヨタ自動車は，さすがに**世界のトヨタ**の風格があります。各売上高利益率は，業界平均を上回り，他社を圧倒しています。とくに，売上高経常利益率の高さは目を引きます。金融収支で儲けを稼ぐ**トヨタ銀行**の面目躍如です。その**トヨタ**も2008年後半の世界的金融危機の煽りを受け，赤字に転落した経緯は前述しました。

4　儲けは時系列で見る

ところで，標準指標や他社指標による比較を行うといっても，その基になる利益の計算方法が異なると，単純に比較することはできません。

たとえば，当期純利益が15億円のA社と10億円のB社は，金額の大小で判断すると，15億円のA社が儲かっていることになります。しかし，これにはA社もB社も同じ会計処理を採用していることが前提です。減価償却資産について，A社は定額法，B社が定率法で会計処理をしていると，最初はA社の減価償却費はB社の減価償却費より少ないので，当然利益が多くなります。

このように，企業会計では，1つの会計事実に対して複数の会計処理があり，どの会計処理を採用するかは企業の判断に任されているために，単純に**標準指標**や**他社指標**を用いても，会社の良し悪しを判断できません。この場合，**時系列指標**を用いることにより，会社の良し悪しを判断

できます。

　次のグラフは，A社とB社の経過した各年度の利益（率）の推移を時系列に見たものです。A社は利益額（率）がB社より多い（高い）が，年々の増加額（率）を見ると，A社はジリ貧で，B社は伸びています。このように，**他社指標**は，時系列で見ることによって会社の良し悪しを判断できます。これに，**標準指標**を加えるとさらに判断の正確性が向上するのです。

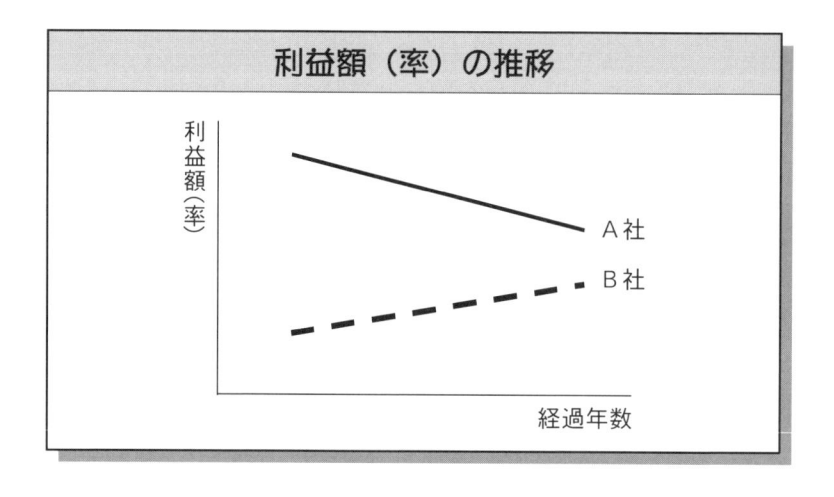

利益額（率）の推移

（グラフ：縦軸「利益額（率）」，横軸「経過年数」。A社は高い位置から右下がり，B社は低い位置から右上がり。）

　ただ，これにも前提があります。減価償却資産に定額法を一度採用したら，継続して定額法を採用しないと，ある年度と他年度の利益額（率）を比較することはできません。一度採用した方法を継続して採用することを，**継続性の原則**と言います。

　つまり，時系列で見る場合，企業が採用した会計処理の方法は，毎年度継続して採用しないと，各年度の利益額（率）は比較しても意味がないことになります。

5　アサヒビールとキリンビールの儲けを比べる

　季節を問わず，最初の一杯が何ともいえないビールの飲み心地，そのライバル会社である**アサヒビール**と**キリンビール**の儲け具合はどうでしょうか。次の表は，2005年12月期（両社とも12月決算）の**アサヒビール**と**キリンビール**の連結損益計算書です（△は減少）。

アサヒビールとキリンビールの連結損益計算書（2005年12月期）

	アサヒビール		キリンビール	
	金額(対売上高比率%)	前年同期増減額	金額(対売上高比率%)	前年同期増減額
売　上　高	14,300(100)	△142	16,322(100)	△226
売　上　原　価	9,540(66.7)	△246	9,739(59.7)	△341
売　上　総　利　益	4,760(33.3)	104	6,583(40.3)	115
販売費及び一般管理費	3,858(27.0)	214	5,466(33.5)	92
営　業　利　益	902(6.3)	△110	1,117(6.8)	23
営　業　外　収　益	94(0.7)	43	188(1.2)	48
営　業　外　費　用	82(0.5)	△25	156(1.0)	△12
経　常　利　益	915(6.4)	△42	1,148(7.0)	83
特　別　利　益	82(0.6)	66	58(0.4)	△311
特　別　損　失	239(1.7)	△150	117(0.7)	△218
税引前当期純利益	757(5.3)	174	1,090(6.7)	△10
法　人　税　等	359(2.5)	81	577(3.5)	△32
当　期　純　利　益	399(2.8)	93	512(3.1)	22

（出所）『日本経済新聞』2006年3月19日，一部修正。億円未満四捨五入のため，金額は必ずしも一致しない。

売上高は，ビール・発泡酒の低迷で両社とも減収になっています。いくらのモノをいくらで売ったかの粗利益を示す売上総利益は，両社とも減収を売上原価の低減で補って増益です。

　販売や事務にかかる経費を考慮した本業の利益である**営業利益**は，アサヒビールは販管費増の影響で減益，キリンビールは販管費がアサヒに比べ微増で売上原価の低減によりコストが吸収され増益となっています。

　投資収益や資金調達コストを加味した利益である**経常利益**は，営業利益と同様，両社で明暗が分かれます。臨時的な損益も加味した利益である**税引前当期純利益**は，経常利益段階で減益のアサヒは増益になっていますが，キリンビールは特別損失の減少を超える特別利益の減少の影響を受けて減益です。

　さて，法人税等の税金を控除した最終利益である**当期純利益**は，アサヒビールは最高益，キリンビールも増益を確保しています。

　アサヒビールとキリンビールを比べるとどちらが儲かっているか。その答えは，2005年12月期を見ただけでは判定は難しいということになります。そこで，2005年12月期から2008年12月期までの売上高と各利益額を調べてみることにします。

　アサヒビールの2005年12月期から2008年12月期の売上高と各利益額は，次のとおりです。

アサヒビールの売上高と利益（単位：億円）

	05年12月期	06年12月期	07年12月期	08年12月期
売 上 高	14,300	14,464	14,641	14,627
営 業 利 益	902	887	870	945
経 常 利 益	915	901	902	965
当 期 純 利 益	399	448	448	450

　これによれば，売上高は横ばいで，営業利益および経常利益は2006年12月期と2007年12月期に減少し，当期純利益は横ばいです。ただ，2008年12月期は売上高がわずかに減少しているのに，営業利益，経常利益および当期純利益は増加しています。

　キリンビールの2005年12月期から2008年12月期の売上高と各利益額は，次のとおりです。

キリンビールの売上高と利益（単位：億円）

	05年12月期	06年12月期	07年12月期	08年12月期
売 上 高	16,322	16,659	18,011	23,035
営 業 利 益	1,117	1,163	1,206	1,459
経 常 利 益	1,148	1,208	1,233	1,030
当 期 純 利 益	512	535	667	801

　これによれば，売上高が年々伸びており，営業利益，経常利益および当期純利益も年々伸びていますが，2008年12月期に経常利益が2007年12月に比べ減少しています。

売上高，営業利益，経常利益および当期純利益とも金額は，**キリンビール**が**アサヒビール**より多いことがわかります。これにより，**キリンビール**と**アサヒビール**のライバル企業の儲けを比較すると，**キリン**に軍配が上がります。

　それで結論は良いか。念のために，今度は**売上高利益率**を見ましょう。まず，**アサヒビール**です。これを見ると，利益率は順調に推移していることがわかります。

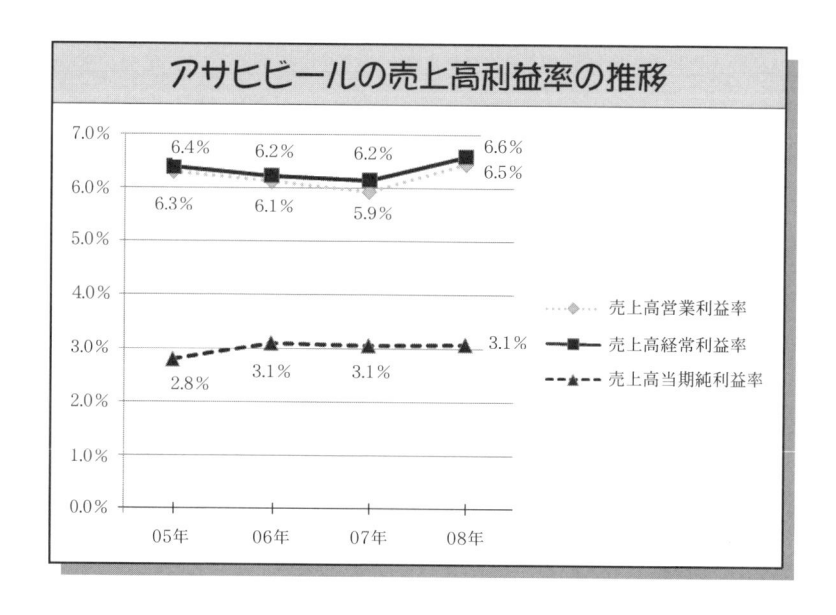

アサヒビールの売上高利益率の推移

年	売上高営業利益率	売上高経常利益率	売上高当期純利益率
05年	6.3%	6.4%	2.8%
06年	6.1%	6.2%	3.1%
07年	5.9%	6.2%	3.1%
08年	6.5%	6.6%	3.1%

　次に，**キリンビール**の売上高利益率を見ましょう。これを見ると，各売上高利益率は**アサヒビール**に比べ高いかまたは同じですが，**アサヒビール**と違い減少傾向を示しています。

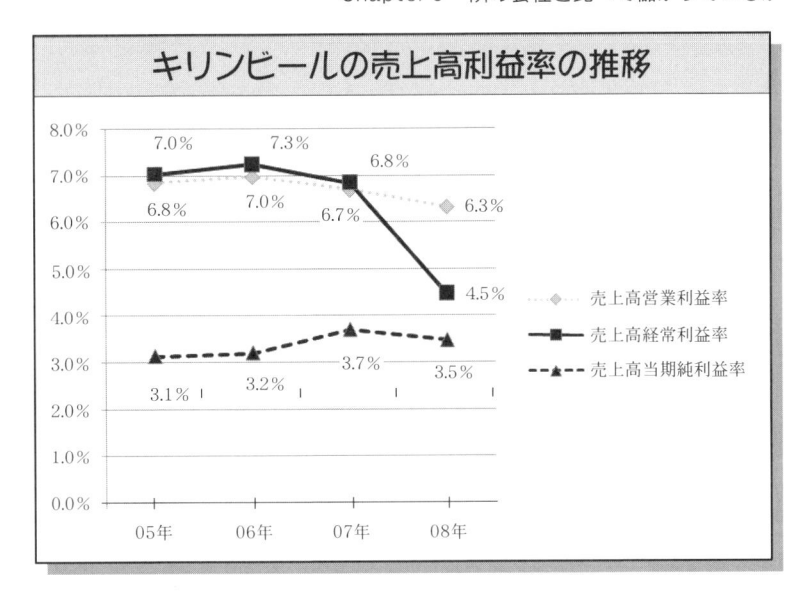

キリンビールの売上高利益率の推移

	05年	06年	07年	08年
売上高営業利益率	6.8%	7.0%	6.7%	6.3%
売上高経常利益率	7.0%	7.3%	6.8%	4.5%
売上高当期純利益率	3.1%	3.2%	3.7%	3.5%

　ライバル会社の各利益率を時系列に分析し，それらを比較検討することにより，儲けているかどうか判断の手助けを得ることができます。**アサヒビール**と**キリンビール**を比べると，比率の高さでは2008年12月期を除いて**キリンビール**が**アサヒビール**を上回っていますが，各年度の傾向では逆に**アサヒ**が**キリン**よりも優れていることがわかります。

　他社と比べ儲っているかどうかは，標準指標，他社指標および時系列指標により各売上高利益率を比較することにより判断することができることを説明しました。とは言え，売上高が60億円，経常利益は25億円あるいは当期純利益は10億円などと実数で比較することも意味がないわけではありません。

　その場合，前述したように，定額法と定率法のどちらを採用するかにより利益が変動することに注意しなければなりません。また，減価償却

方法を定額法から定率法に償却方法を変更することによって，利益を操作することができます。

　会社がどの会計処理方法を採用しているかは，財務諸表の**注記**に開示してあります。経営分析をする場合には，損益計算書，貸借対照表およびキャッシュ・フロー計算書の財務諸表本体だけではなく，**注記**を参照することが重要です。また，正当な理由で会計処理方法を変更した場合も，注記で利益への影響が開示されるので，これもしっかりチェックする必要があります。

　本章で計算した比率および利益率は，％の小数点2位以下四捨五入をしています。

CHAPTER 6

次期の売上高を読む

1	トヨタ自動車と任天堂の業績を予想する
2	売上高の推移を見る
3	Zグラフで何がわかるか

1 トヨタ自動車と任天堂の業績を予想する

　会社は，決算後に**決算説明会**を行い，その際**次期の決算予想**を発表します。たとえば，**トヨタ自動車**は，2009年3月期の決算要旨において，次のような2010年3月期の**連結業績見通し**（通期）を発表しています（表示の一部を修正）。

トヨタ自動車の2010年3月期決算予想	
売　　　上　　　高	16兆5,000億円（前期比増減率△19.6％）
営　業　損　失（△）	△8,500億円
税金等調整前当期純損失（△）	△8,500億円
当　期　純　損　失（△）	△5,500億円

　上記の見通しは，現在の情報を基礎に判断および仮定に基づいており，判断や仮定に内在する不確実性および今後の事業運営や内外の状況変化などによる変動可能性に照らし，大きく異なる可能性があることを，注釈しています。

　業績予想は，多くは通期および中間期について行われます。たとえば，期首に通期の売上高5,000億円，中間期の売上高2,000億円と予想したとします。この場合に第1四半期（最初の3か月）の売上高が1,500億円であれば，業績の達成スピードが速く，業績予想の修正が見込まれると判断できます。

　ただし，その四半期が新製品の発売などに当たると，当然その四半期売上高は増加するので，新製品発売のタイミングなどにより四半期業績

が大きく左右されることに注意する必要があります。

トヨタ自動車の2010年3月期第1四半期の連結業績（2009年4月1日～2009年6月30日）は，次のとおりです。

トヨタ自動車の業績

	売上高		営業利益		税引前四半期純利益	
	百万円	%	百万円	%	百万円	%
10年3月期第1四半期	3,836,007	△38.3	△194,863	—	△138,508	—
09年3月期第1四半期	6,215,830	△4.7	412,591	△38.9	453,054	△38.7

売上高予想（通期）16兆5,000億円を四半期で割ると4兆1,250億円になり，2010年第1四半期売上高3兆8,360億円は，単純に計算すると業績予想を下回ります。

ただし，2009年3月期第4四半期(2009年1月1日～2009年3月31日）の売上高は3兆5,363億円ですから，回復傾向にあることがわかります。ちなみに世界の小売販売台数を見ると，2010年第1四半期は約180万台で，2009年3月期第4四半期は177万台です。これに対して，営業損失予想（通期）8,500億円を四半期で割ると2,125億円になり，第1四半期営業損失1,949億円（億円未満四捨五入）は，同じく業績予想を下回ります。損失の業績予想を下回りますので，業績は上方修正です。

同様に税引前四半期純損失を計算すると，損失が業績予想よりわずかながら上回っています。なお，前年同期比較で，**トヨタ自動車**は営業損益ベースでコスト削減や固定費を約2,300億円圧縮しています。これが，

営業損失の改善につながっています。

　さらに，2010年3月期第2四半期（第1四半期との累積）および通期の予想は，次のとおりです。

トヨタ自動車の業績予想（第2四半期と通期）

	売上高		営業利益		税引前四半期純利益	
	百万円	％	百万円	％	百万円	％
10年3月期 第2四半期（累積）	7,800,000	△36.0	△400,000	－	△350,008	－
通期	16,800,000	△18.2	△750,000	－	△750,000	－

　第2四半期の売上高は，7兆8,000億円から第1四半期売上高3兆8,360億円を差し引いた3兆9,640億円とわずかながら上方修正です。しかし，営業損失や税引前四半期純損失は，横ばいもしくは悪化を予想しています。

　通期予想は，次のように売上高，営業損失および税引前四半期純損失とも上方修正です。

トヨタ自動車の業績予想（当初予想と第1四半期予想）

	売上高		営業利益		税引前四半期純利益	
	百万円	％	百万円	％	百万円	％
当初予想	16,500,000		△850,000		△850,000	
10年3月期 第1四半期予想	16,800,000		△750,000		△750,000	

ただ，上記の予想は，円高基調が続くと修正が必要になります。輸出企業は為替相場が売上高に影響を与えますので，留意する必要があります。

このように，次期の売上高を読む場合には，四半期決算報告を活用することにより，その動向を探ることができます。

四半期決算報告は3か月毎になされます。それでは情報がタイムリーに開示されないと考えるならば，月次報告書を利用します。

任天堂の2007年度と2008年度の四半期毎の連結売上高の推移を見てみましょう。

任天堂の連結売上高の推移（単位：百万円）

	第1四半期	第2四半期	第3四半期	第4四半期	合　　計
2007年度	340,439	354,463	621,631	355,988	1,672,521
2008年度	423,380	413,499	699,468	302,274	1,838,622

連結売上高の推移を見ると，四半期毎に変動があります。とくに第3四半期が抜きんでています。これは，第3四半期が10月から12月までの期間であることから，**クリスマス商戦の影響**であることが容易に推測できます。

また，2009年度第1四半期の連結売上高は253,490百万円で，2008年度第1四半期の423,380百万円に比べると大幅に減少しています（前年同期比40.1％減）。**任天堂**の業績状況の説明によると，ハードウェアの売上を強く牽引するような有力ソフトウェアの発売が少なく，ハード

ウェア「Wii」の販売が伸び悩んだことや円高の影響があげられています。

このように，**次期の売上高を読む**ためには，四半期毎の売上高の推移を検討することが重要です。ただ，四半期ではタイムリーな情報を得るのは難しいと考え，月次の売上高の推移を見ることによって，売上の推移を分析することができます。

2　売上高の推移を見る

月次の売上高の推移を見る場合，**任天堂**のようにクリスマス商戦で12月に売上げが伸びることもあるし，**百貨店**では6月と12月のお中元とお歳暮のシーズンに売上げのピークがあります。また，**家電製品**であれば，夏場にはクーラー，冬場には暖房器，ボーナスの支給時期で変動があります。清涼飲料水や灯油など**季節性のある商品**もあれば，お菓子や乳製品などの**生活用品**のように季節性が薄い商品もあります。

季節変動のある商品などを扱っている企業の場合，その売上高の推移を見ることによって，その変動の大きさを把握することができます。ただ，その変動が上向きなのか下向きなのかの趨勢を把握することはできません。そこで，**移動合計**およびそのグラフを用いると，**季節性のある商品の売上げの趨勢**を明らかにできるのです。

移動合計とは，その月から遡って1年間の売上高をいい，この合計額が増加傾向にあるか低落傾向にあるか傾向を把握します。次のデータは，2007年と2008年の**三越百貨店**の店舗の月次売上高，売上高累計および過去1年間に遡って計算した年間売上高（**移動合計売上高**）です。

Chapter 6　次期の売上高を読む

　たとえば，2008年1月の移動合計売上高は，2007年12月の売上高累計607,742百万円に2007年1月の月別売上高51,813百万円と2008年1月の月別売上高50,325百万円の差額1,488百万円ダウン分を差し引いた606,254百万円です。以下，同様に計算します。

<table>
<tr><th colspan="7">三越百貨店の月次売上高（単位：百万円）</th></tr>
<tr><th>年</th><th>月</th><th>月売上高</th><th>累　　計</th><th>移動合計</th><th colspan="2">傾　　向</th></tr>
<tr><td>07</td><td>1</td><td>51,813</td><td>51,813</td><td></td><td colspan="2"></td></tr>
<tr><td></td><td>2</td><td>40,774</td><td>92,587</td><td></td><td colspan="2"></td></tr>
<tr><td></td><td>3</td><td>51,313</td><td>143,900</td><td></td><td colspan="2"></td></tr>
<tr><td></td><td>4</td><td>45,917</td><td>189,817</td><td></td><td colspan="2"></td></tr>
<tr><td></td><td>5</td><td>46,672</td><td>236,489</td><td></td><td colspan="2"></td></tr>
<tr><td></td><td>6</td><td>51,418</td><td>287,907</td><td></td><td colspan="2"></td></tr>
<tr><td></td><td>7</td><td>59,759</td><td>347,666</td><td></td><td colspan="2"></td></tr>
<tr><td></td><td>8</td><td>39,829</td><td>387,495</td><td></td><td colspan="2"></td></tr>
<tr><td></td><td>9</td><td>41,154</td><td>428,649</td><td></td><td colspan="2"></td></tr>
<tr><td></td><td>10</td><td>48,436</td><td>477,085</td><td></td><td colspan="2"></td></tr>
<tr><td></td><td>11</td><td>54,424</td><td>531,509</td><td></td><td colspan="2"></td></tr>
<tr><td></td><td>12</td><td>76,233</td><td>607,742</td><td></td><td colspan="2"></td></tr>
<tr><td>08</td><td>1</td><td>50,325</td><td>50,325</td><td>606,254</td><td colspan="2">down</td></tr>
<tr><td></td><td>2</td><td>40,090</td><td>90,415</td><td>605,570</td><td colspan="2">down</td></tr>
<tr><td></td><td>3</td><td>58,634</td><td>149,049</td><td>612,891</td><td colspan="2">up</td></tr>
<tr><td></td><td>4</td><td>61,470</td><td>210,519</td><td>628,444</td><td colspan="2">up</td></tr>
<tr><td></td><td>5</td><td>54,943</td><td>265,462</td><td>636,715</td><td colspan="2">up</td></tr>
<tr><td></td><td>6</td><td>56,633</td><td>322,095</td><td>641,930</td><td colspan="2">up</td></tr>
<tr><td></td><td>7</td><td>69,938</td><td>392,033</td><td>652,109</td><td colspan="2">up</td></tr>
<tr><td></td><td>8</td><td>48,004</td><td>440,037</td><td>660,284</td><td colspan="2">up</td></tr>
<tr><td></td><td>9</td><td>49,680</td><td>489,717</td><td>668,810</td><td colspan="2">up</td></tr>
<tr><td></td><td>10</td><td>54,363</td><td>544,080</td><td>674,737</td><td colspan="2">up</td></tr>
<tr><td></td><td>11</td><td>60,670</td><td>604,750</td><td>680,983</td><td colspan="2">up</td></tr>
<tr><td></td><td>12</td><td>79,884</td><td>684,634</td><td>684,634</td><td colspan="2">up</td></tr>
</table>

月別売上高をグラフで示すと，次のようになります。

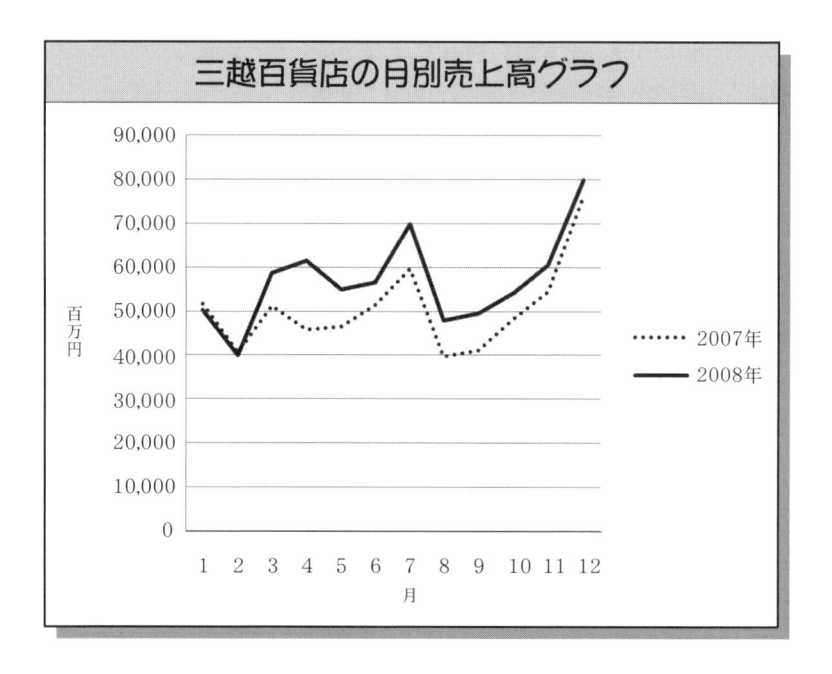

三越百貨店の月別売上高グラフ

このグラフから，お中元とお歳暮のシーズン，それはボーナス時期でもあるのですが，売上高が伸びているのがわかります。しかし，季節により，売上高が変動しており，上向いているのか下落傾向にあるのか判断することができません。

そこで，**売上高累計**をグラフで示すと，2007年も2008年も同じ傾向であることがわかります。つまり，7月から8月に売上げが上昇，その後落ち着いて12月にまた上昇しています。さらに，2007年に比べ2008年の売上げの**趨勢**は高くなっています。

三越百貨店の売上累計グラフ

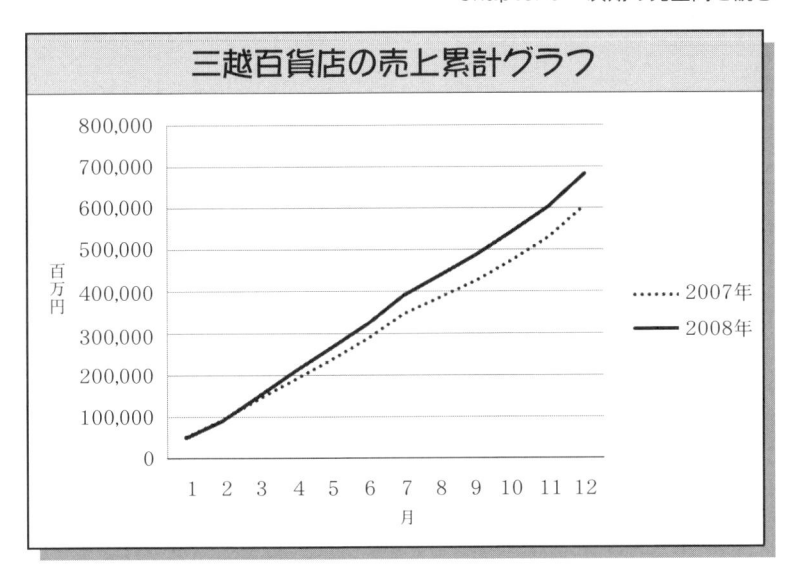

3 Zグラフで何がわかるか

　月別売上高と売上高累計のグラフを1つにまとめ，さらにその月から遡って1年分の売上高を計算した移動合計売上高を加えたものが，次のグラフです。このグラフを**Zグラフ**と言います。

三越百貨店のZグラフ

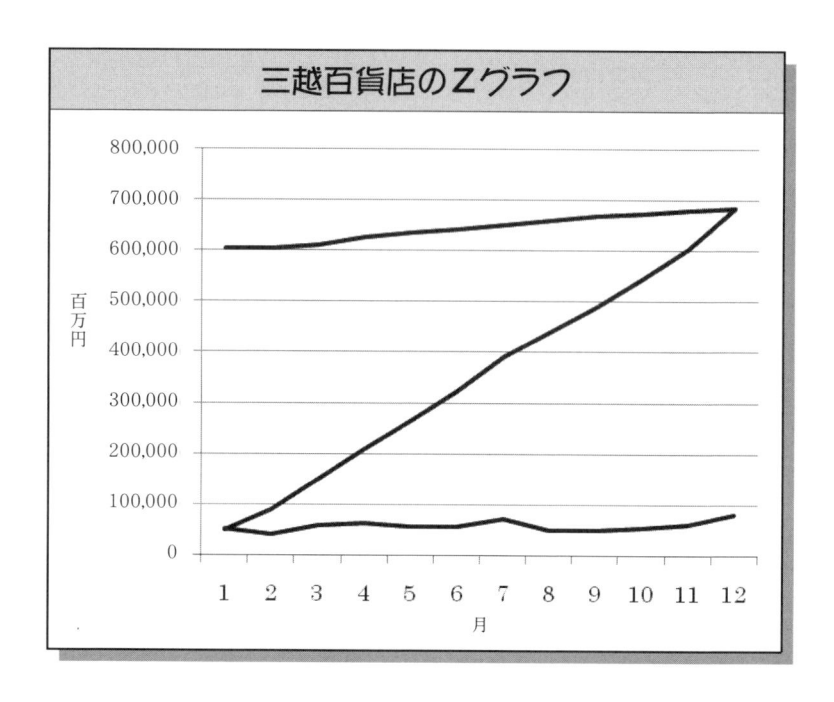

(百万円, 1〜12月)

　移動合計売上高のグラフを見ると，その企業が**成長期**にあるか，**安定期**にあるか，さらには**衰退期**にあるかを把握することができます。この趨勢が**右上りならば成長期，水平に近ければ安定期，右下りであれば衰退期**となります。このグラフは，売上高全体ではなく，**商品別**，**地域別**，**営業所別**および**営業担当者別**などで作成するとより効果的です。

　本章で計算した比率は，％小数点2位以下四捨五入をしています。

CHAPTER 7

会社の成長を読む

1 片対数グラフで推移を見る
2 年度で時系列に成長を見る
3 スターバックスとドトールを比べる

1 片対数グラフで推移を見る

次のA社とB社の売上高を見ると，両社とも毎年度20％の伸びを示しています。

A社とB社の売上高の推移（単位：百万円）					
	05年	06年	07年	08年	09年
A 社	400	480	576	691	830
B 社	50	60	72	86	103

これを**普通グラフ**（縦軸と横軸に等分に目盛りがつけられたグラフ）で表すと，次のようになります。

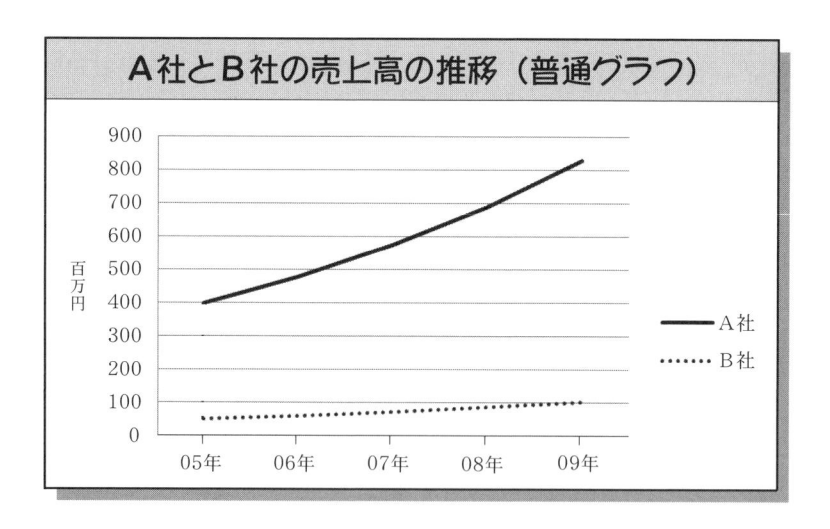

A社とB社の売上高の推移（普通グラフ）

A社とB社は毎年度20％ずつ伸びているにもかかわらず，2005年（データの最初の年度）の金額が多いA社の方が，金額の少ないB社よ

Chapter 7　会社の成長を読む

りも急成長しているような錯覚を与えます。このことは，**普通グラフは絶対額の変化**を表すことはできるが，**伸び率（変化率）**を表すには適していないことを示しています。

　したがって，普通グラフ上で売上高と経常利益の相関関係を時系列に求めようとしても，同じ伸びであれば，金額の多い売上高と金額の少ない経常利益では，前者が大きく変化し，後者は小さく変化するので，売上高と経常利益の相関関係を把握することはできません。

　そこで，縦軸の対数目盛が1つ上がるごとに，1，2，3，4，あるいは10，20，30，40のように2倍，3倍と目盛りの数が変化し，位取りが変わるとそこから改めて2倍，3倍となる**片対数**グラフを用いると，**普通グラフの欠陥**が解消できます。

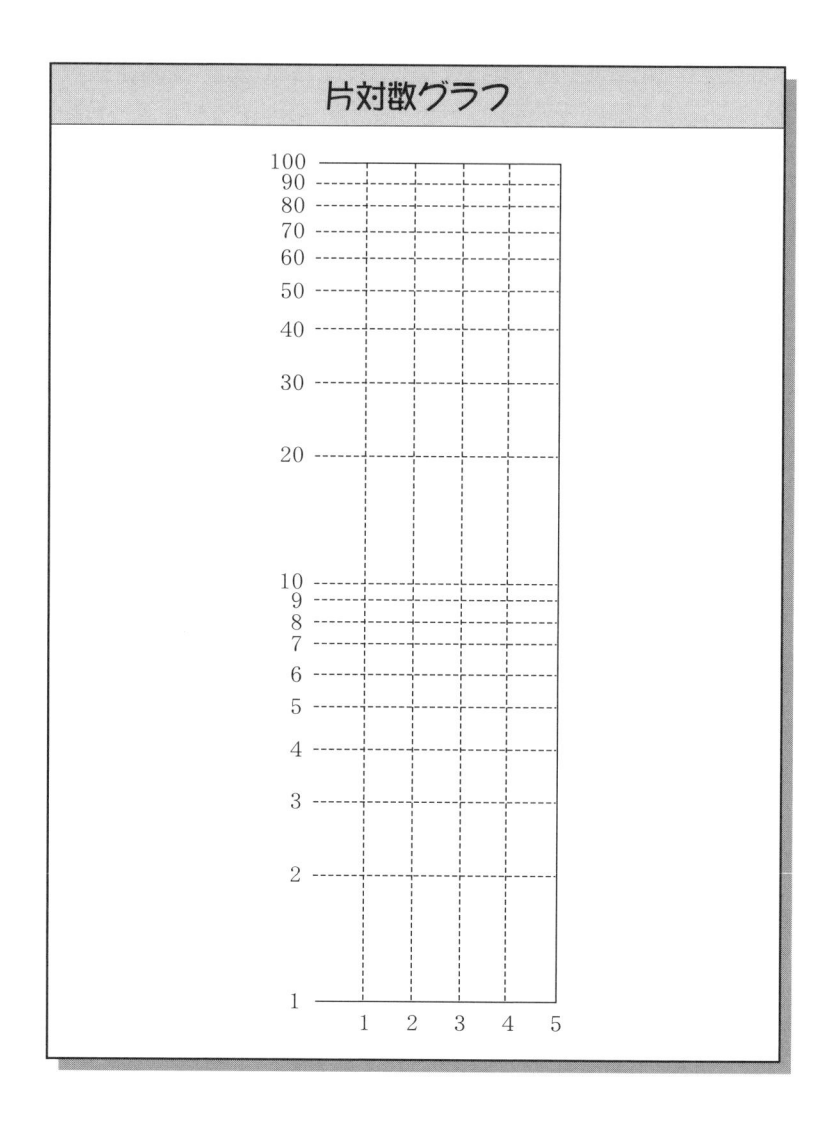

2 年度で時系列に成長を見る

　この他，会社の成長を読む方法としては，**対前年度比率**と**対基準年度比率**があります。

Chapter 7　会社の成長を読む

　対前年度比率は，分析対象年度の金額が前年度の金額と比べ何パーセントであるかを表し，次の算式で求めます。

$$対前年度比率 = \frac{分析対象年度の金額}{分析対象年度の前年度の金額} \times 100 (\%)$$

この対前年度比率を**対前年度伸び率**で表すには，次の算式で求めます。

$$対前年度伸び率 = \frac{分析対象年度の金額 - 分析対象年度の前年度の金額}{分析対象年度の前年度の金額} \times 100 (\%)$$

この算式を展開すると，次のようになります。

$$対前年度伸び率 = \left(\frac{分析対象年度の金額}{分析対象年度の前年度の金額} - 1 \right) \times 100 (\%)$$

　対前年度伸び率は，前年度との比較でその動向を見るもので，前年度に比べ伸びたのかどうかはわかりますが，時系列的に伸びつつあるのかそうでないのかはわかりません。その欠点を補うために，**対基準年度比率**を用います。
　対基準年度比率は，次の算式で求めます。

$$対基準年度比率 = \frac{分析対象年度の金額}{基準年度（特定年度）の金額} \times 100 (\%)$$

　対基準年度比率を計算する場合は，基準年度の数値が異常にならないように，過去数年の平均値を使うとよいでしょう。

3 スターバックスとドトールを比べる

　コーヒーストアの経営とコーヒーおよび関連商品の販売を行う**スターバックスコーヒージャパン株式会社**と**株式会社ドトールコーヒー**のデータをもとに対前年度比率と対基準年度比率を比べてみましょう。

　スターバックスのデータは，次のとおりです。金額は，売上高，売上総利益，営業利益，経常利益および当期純利益は，毎年度増加しています。総資本も同様です。

スターバックスのデータ（単位：百万円）

	05年3月期	06年3月期	07年3月期	08年3月期
売　上　高	61,591	67,937	78,909	90,741
売上総利益	44,151	48,285	56,279	64,450
営業利益	2,591	3,637	5,041	6,711
経常利益	2,628	3,766	5,134	6,894
当期純利益	1,173	1,776	2,185	3,552
総　資　本	20,428	22,071	24,629	27,171

　スターバックスの対前年度比率は，次のとおりです。最初の2006年3月期の売上高対前年度比率は，$\dfrac{67,937百万円}{61,591百万円} \times 100(\%) = 110.3\%$になります。

　以下，同様に計算します。

Chapter 7　会社の成長を読む

スターバックスの対前年度比率				
	05年3月期	06年3月期	07年3月期	08年3月期
売　　上　　高	−	110.3%	116.2%	115.0%
売 上 総 利 益	−	109.4%	116.6%	114.5%
営　業　利　益	−	140.4%	138.6%	133.1%
経　常　利　益	−	143.3%	136.3%	134.3%
当 期 純 利 益	−	151.4%	123.0%	162.6%
総　　資　　本	−	108.0%	111.6%	110.3%

　対前年度比率でも傾向を知ることができますが，さらに**対前年度比率**を**対前年度伸び率**で表すと，次のようになります。

スターバックスの対前年度伸び率				
	05年3月期	06年3月期	07年3月期	08年3月期
売　　上　　高	−	10.3%	16.2%	15.0%
売 上 総 利 益	−	9.4%	16.6%	14.5%
営　業　利　益	−	40.4%	38.6%	33.1%
経　常　利　益	−	43.3%	36.3%	34.3%
当 期 純 利 益	−	51.4%	23.0%	62.6%
総　　資　　本	−	8.0%	11.6%	10.3%

　この表からわかることは，売上高および売上総利益は，金額は各年度増加しているが，伸び率を見ると2007年3月期は順調に伸びているが，2008年3月期には伸びがダウンしているということです。

営業利益，経常利益および当期純利益の金額は各年度増加していますが，伸び率を見ると，営業利益および経常利益は2007年3月期と2008年3月期はダウンしています。当期純利益は2007年3月期に伸び率がダウンしましたが，その反動で2008年3月期はアップしています。総資本は，利益の蓄積により堅実にアップしています。

　次に，2005年3月期を100％として各年度の**対基準年度比率**を計算すると，次のようになります。

スターバックスの対基準年度比率

	05年3月期	06年3月期	07年3月期	08年3月期
売　上　高	100％	110.3％	128.1％	147.3％
売 上 総 利 益	100％	109.4％	127.5％	146.0％
営　業　利　益	100％	140.4％	194.6％	259.0％
経　常　利　益	100％	143.3％	195.4％	262.3％
当 期 純 利 益	100％	151.4％	186.3％	302.8％
総　資　本	100％	108.0％	120.6％	133.0％

　各年度の対基準年度比率を見ると，売上高および売上総利益に比べ，営業利益，経常利益および当期純利益の伸び率が高くなっています。これは何を意味するのでしょうか。売上げの伸び以上に販売費及び一般管理費のコストダウンで営業利益，経常利益および当期純利益をアップさせたということを意味します。総資本は，各種利益のアップに呼応して堅調です。

　ドトールのデータは，次のとおりです。売上高，売上総利益，営業利益，経常利益および当期純利益の金額は，2007年3月期までは毎年度増

Chapter 7　会社の成長を読む

加していますが，2008年3月期に減少しています。2005年3月期の当期純利益723百万円は，2004年3月期2,388百万円からの大幅ダウンです。経常利益が4,904百円ですから，特別損失の発生が当期純利益の大幅ダウンに影響を与えていることがわかります。

ドトールのデータ（単位：百万円）

	05年3月期	06年3月期	07年3月期	08年3月期
売上高	61,713	62,703	66,312	68,596
売上総利益	30,181	30,944	33,602	34,110
営業利益	4,910	4,882	5,437	4,337
経常利益	4,904	5,068	5,392	4,694
当期純利益	723	2,743	2,769	2,185
総資本	50,580	53,930	56,707	53,429

　ドトールの**対前年度比率**は，次のとおりです。2006年3月期の売上高対前年度比率は，$\dfrac{62,703百万円}{61,713百万円} \times 100(\%) = 101.6\%$になります。
　以下，同様に計算します。

ドトールの対前年度比率

	05年3月期	06年3月期	07年3月期	08年3月期
売上高	—	101.6%	105.8%	103.4%
売上総利益	—	102.5%	108.6%	101.5%
営業利益	—	99.4%	111.4%	79.8%
経常利益	—	103.3%	106.4%	87.1%
当期純利益	—	379.4%	100.9%	78.9%
総資本	—	106.6%	105.1%	94.2%

対前年度比率でも傾向を知ることができますが，さらに対前年度比率を**対前年度伸び率**で表すと，次のようになります。

ドトールの対前年度伸び率				
	05年3月期	06年3月期	07年3月期	08年3月期
売　上　高	−	1.6%	5.8%	3.4%
売 上 総 利 益	−	2.5%	8.6%	1.5%
営 業 利 益	−	△0.6%	11.4%	△20.2%
経 常 利 益	−	3.3%	6.4%	△12.9%
当 期 純 利 益	−	279.4%	0.9%	△21.1%
総　資　本	−	6.6%	5.1%	△5.8%

　この表からわかることは，売上高および売上総利益に比べ，営業利益，経常利益および当期純利益の伸び率が鈍いということです。2008年3月期には，マイナス成長を示しています。なお，2006年3月期の当期純利益の伸び率279.4％は，前述のように前年度の当期純利益が異常に少なかったことによる影響であり，分析の対象から除外するのが望ましいでしょう。

　次に，2005年3月期を100％として各年度の対基準年度比率を計算すると，次のようになります。

ドトールの対基準年度比率

	05年3月期	06年3月期	07年3月期	08年3月期
売　上　高	100％	101.6％	107.5％	111.2％
売上総利益	100％	102.5％	111.3％	113.0％
営　業　利　益	100％	99.4％	110.7％	88.3％
経　常　利　益	100％	103.3％	110.0％	95.7％
当期純利益	100％	379.4％	383.0％	302.2％
総　資　本	100％	106.6％	112.1％	105.6％

　各年度の対基準年度比率を見ると，当期純利益の対基準年度比率の増加は，前述のように前年度の当期純利益が異常に少なかったことによる影響であり，基準年度の取り方によっては，企業の経営成績の動向を正しく把握できないという欠点を示すものであることがわかります。営業利益および経常利益は，売上高および売上総利益の対基準年度比率が伸びているにもかかわらず，ダウンしています。この傾向は，対前年度比率と同じです。各種利益の変動に対応して，総資本も変動をしています。

　対前年度比率と対基準年度比率により，**スターバックス**と**ドトール**の会社の成長を読むと，スターバックスが堅調であることがわかります。

　以上のように，私たちは，片対数グラフ，対前年度比率および対基準年度比率を見ることにより，会社の成長を読むことができます。

　本章で計算した比率は，％の小数点2位以下四捨五入をしています。

CHAPTER 8

会社は健全に成長しているか
（成長の安定性を分析する）

1	成長性比較グラフ：任天堂
2	成長性比較グラフ：アーバンコーポレーション
3	スターバックスとドトールを比べる

1 成長性比較グラフ：任天堂

　会社は売上高が伸びているからといって，健全に成長しているとは限りません。売上高が伸びている割に営業利益や経常利益が伸び悩んでいるということになると，問題ありです。

　売上高を増やすための営業コストが売上高の伸び以上に増加しているとすれば，経営効率が悪化しているといえます。また，売上高を増やすために借入金などの有利子負債を増やすと，その利息の支払いが利益を圧迫することになります。

　売上高は伸び悩んでいるのに，総資本や従業員数がやたら増えているというのも経営効率の観点から望ましいとはいえません。

　会社の健全な成長を達成するためには，**売上高，総資本，経常利益および従業員数のバランスのとれた発展**が必要です。

　任天堂の2005年3月期と2009年3月期の売上高，総資本，経常利益，従業員数およびその成長率は，次のとおりです。

任天堂の成長性データ（単位：百万円）

	売上高	経常利益	総資本	従業員数
05年3月期	515,292	145,292	1,132,492	3,647人
09年3月期	1,838,622	448,695	1,810,767	5,266人
成長率	257％	209％	60％	44％

（注）　従業員数には臨時従業員数を含む。

Chapter 8　会社は健全に成長しているか（成長の安定性を分析する）

この5年間の売上高，総資本，経常利益および従業員数の成長を成長性比較グラフで表すと，次のとおりです。

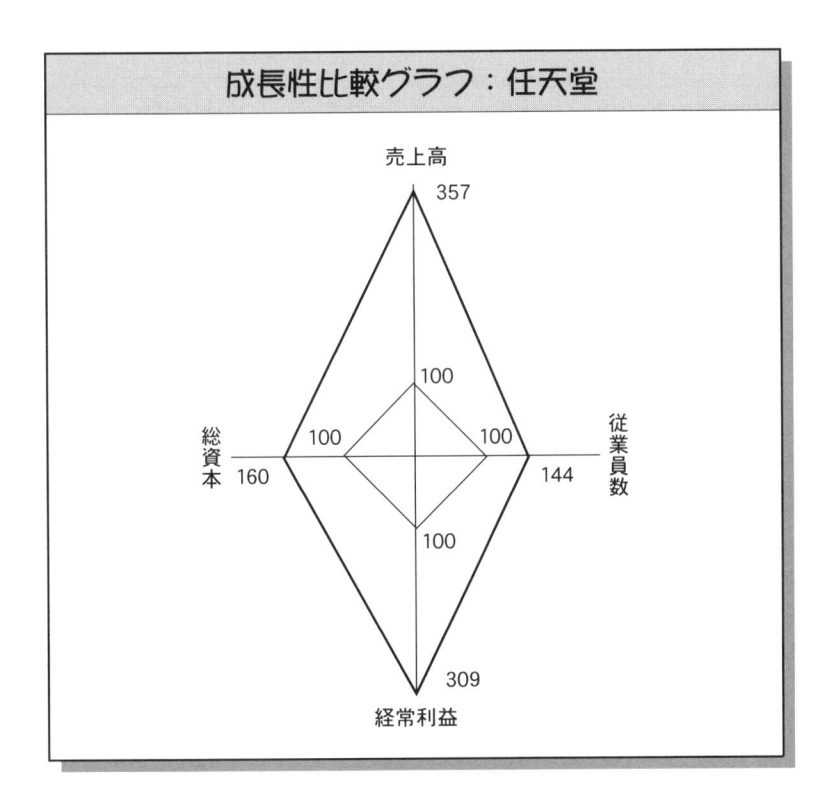

成長性比較グラフ：任天堂

- 売上高　357
- 総資本　160
- 従業員数　144
- 経常利益　309
- （基準値　100）

　売上高の成長と符合を合わせるように**経常利益も成長**しています。ただ，売上高の成長に比べ経常利益の成長がわずかに低いのは，円高による為替差損が影響しているからと考えられます。売上高や経常利益の成長に比べ従業員数はそれほど増えていません。2005年3月期の従業員1人当たり売上高は141百万円に対して，2009年3月期の従業員1人当たり売上高は349百万円で，この5年間に約2.5倍増えています。また，総資本も60％成長しており，資本蓄積も進んでいます。

総じて、**任天堂**の2005年3月期と2009年3月期の4年間の売上高、総資本、経常利益および従業員数の成長は、バランスがとれていると考えられます。

2　成長性比較グラフ：アーバンコーポレーション

　次に、2008年に経営破綻した**アーバンコーポレーション**の経営破綻前の2006年3月期と2008年3月期の売上高、総資本、経常利益、従業員数およびその成長率は、次のとおりです。

アーバンコーポレーションの成長性データ（単位：百万円）				
	売上高	経常利益	総資本	従業員数
06年3月期	64,349	10,677	202,990	1,748
08年3月期	243,685	61,677	602,566	2,740
成長率	279%	478%	197%	57%

（注）　従業員数には臨時従業員数を含む。

　この3年間の売上高、総資本、経常利益および従業員数の成長を成長性比較グラフで表すと、次のとおりです。

Chapter 8　会社は健全に成長しているか（成長の安定性を分析する）

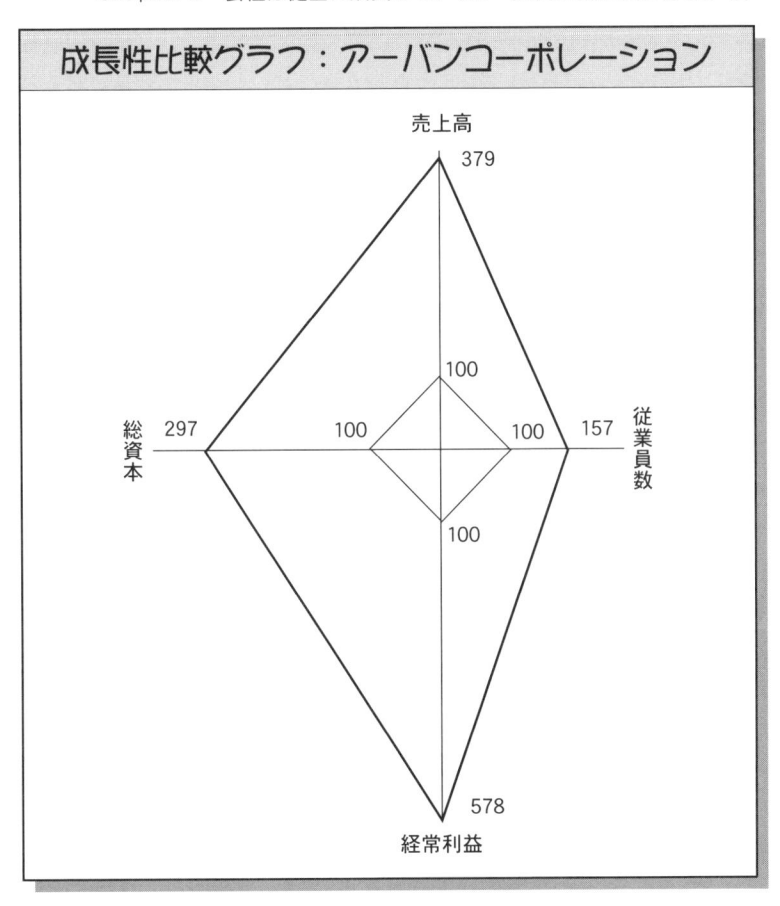

```
成長性比較グラフ：アーバンコーポレーション
```

```
              売上高
               379

              100
総資本 297  100    100  157 従業員数
              100

               578
              経常利益
```

　アーバンコーポレーションは，古いビルをリニューアルして付加価値をつけ販売する不動産事業を展開していましたが，売上高に比べ経常利益の成長が著しいのがわかります。2006年3月期の従業員1人当たり売上高は37百万円に対して，2008年3月期の従業員1人当たり売上高は90百万円で，この3年間に約2.5倍に増えています。

　成長性比較グラフを見る限り，アーバンコーポレーションは急成長し

81

ています。しかし，2008年3月期の決算後の2008年8月13日に経営破綻しました。その原因を**任天堂**との比較で見ると，**総資本の成長**に相違があります。**任天堂**の60％の成長に対し，**アーバンコーポレーション**は197％の成長です。

　この成長率を見る限り，一見経常利益の急成長で資本蓄積が進んだと好意的な判断ができます。しかし，問題は総資本の中身です。総資本は負債と純資産からなり，純資産が増加することにより総資本が成長することは望ましいが，有利子負債が増加し総資本が成長するのは好ましいとは言えません。**アーバンコーポレーション**の場合，有利子負債の増加により総資本が成長しており，好ましい状況とは言えません。

　また，総資本と対をなすのが総資産ですが，**アーバンコーポレーション**は，棚卸資産の増加が総資産の成長に大きく寄与しています。この有利子負債と棚卸資産は，市況が順調のときには問題は生じませんが，景気が悪くなり市況が順調でなくなると，商品が売れず在庫が増え資金繰りに窮することになります。**アーバンコーポレーション**の経営破綻の原因がここにあります（詳細は**CHAPTER11**）。

　このように，**会社の成長の健全性**は，**売上高**，**総資本**，**経常利益**および**従業員数**の成長のバランスを見ることにより判断できます。この他，売上高利益率を時系列に分析することにより，会社の成長の健全性を見ることもできます。

Chapter 8　会社は健全に成長しているか（成長の安定性を分析する）

3　スターバックスとドトールを比べる

　スターバックスとドトールの売上高利益率を時系列で分析してみましょう。そこから，会社の成長のプロセスを読むことができます。

　スターバックスとドトールの各売上高利益率を比較すると，次のようなことがわかります。次の折れ線グラフのように売上高総利益率は**スターバックス**が70％台で推移し，**ドトール**が50％前後です。

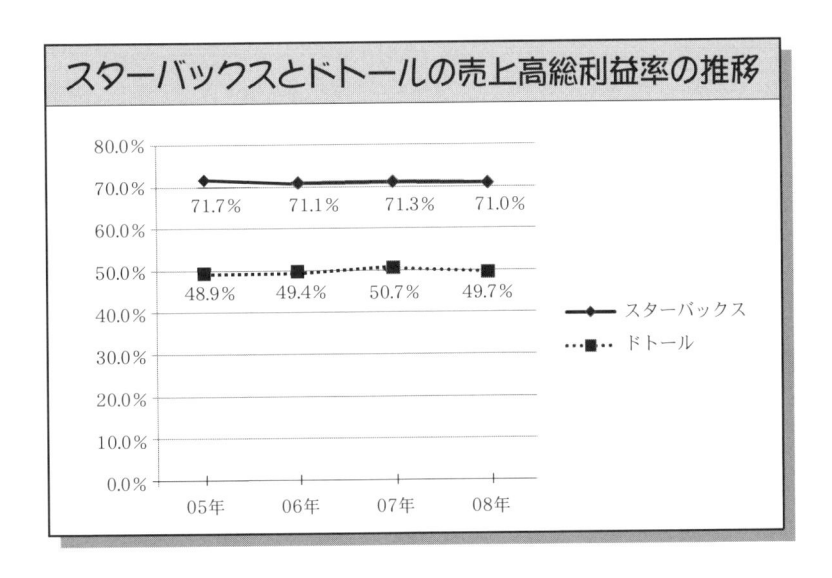

スターバックスとドトールの売上高総利益率の推移

	05年	06年	07年	08年
スターバックス	71.7%	71.1%	71.3%	71.0%
ドトール	48.9%	49.4%	50.7%	49.7%

　同じ傾向は，次の折れ線グラフで示した**売上高営業利益率**にも見られます。スターバックスは2007年3月期まではドトールと比較して低いのですが着実に伸び，2008年3月期にはドトールを上回っています。

スターバックスとドトールの売上高営業利益率の推移

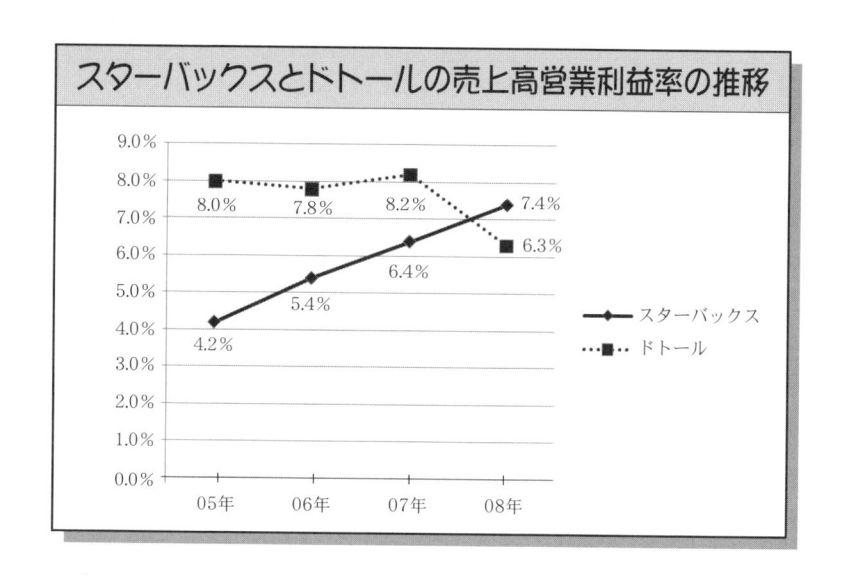

	05年	06年	07年	08年
スターバックス	4.2%	5.4%	6.4%	7.4%
ドトール	8.0%	7.8%	8.2%	6.3%

　さらに，同様の傾向は，次の折れ線グラフで示した**売上高経常利益率**にも見られます。**スターバックス**は2007年3月期までは**ドトール**と比較して低いが着実に伸び，2008年3月期にはドトールを上回っています。

スターバックスとドトールの売上高経常利益率の推移

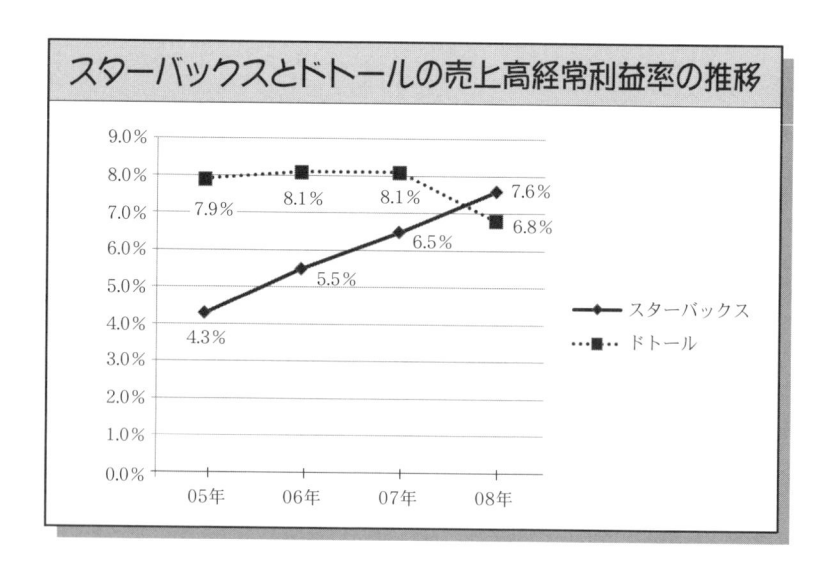

	05年	06年	07年	08年
スターバックス	4.3%	5.5%	6.5%	7.6%
ドトール	7.9%	8.1%	8.1%	6.8%

Chapter 8　会社は健全に成長しているか（成長の安定性を分析する）

次の折れ線グラフで示した**売上高当期純利益率**も同様の傾向が見られます。

ドトールは2006年3月期に売上高当期純利益率が前年同期より著しく向上していますが，2008年3月期に落ち込んでいることがわかります。

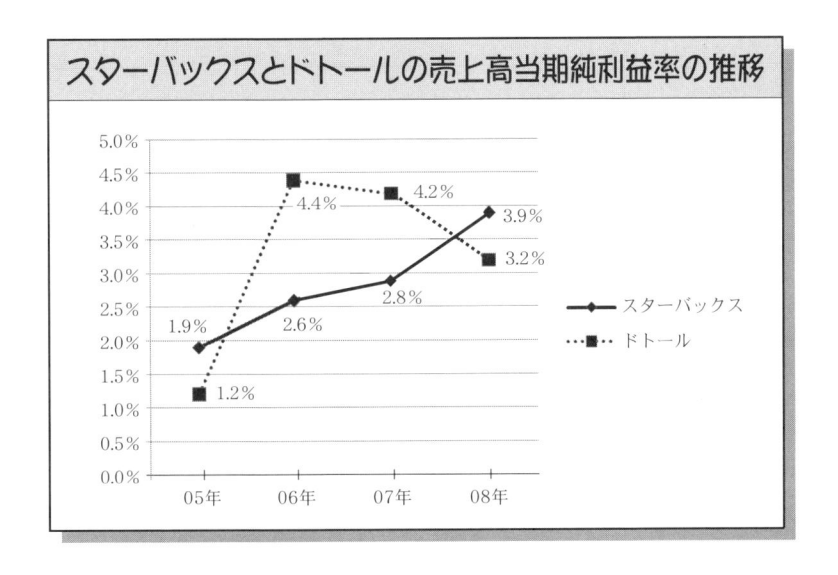

スターバックスとドトールの売上高当期純利益率の推移

- スターバックス: 05年 1.9%, 06年 2.6%, 07年 2.8%, 08年 3.9%
- ドトール: 05年 1.2%, 06年 4.4%, 07年 4.2%, 08年 3.2%

それにしても，**スターバックス**は階段を上がるように，一歩ずつ堅実に成長していることが窺い知れます。これに対して，**ドトール**は成長に波があり，不安定さを拭いきれません。

本章で計算した利益率は，％の小数点2位以下四捨五入をしています。

CHAPTER 9

いくら売れれば損しないか
（損益分岐点）

1　損益分岐点で何がわかるか
2　損益分岐点はどのようにして改善するか
3　N社の損益分岐点比率改善の事例
4　安全余裕率を求める
5　変動費と固定費の区分のメリット

1　損益分岐点で何がわかるか

　損益分岐点のときの売上高が実際の売上高に比べてどれくらいのレベル（％）にあるかを計算するのが,「損益分岐点比率」です。

　損益分岐点比率は, **損益分岐点売上高**を実際の売上高で割って求めます。この比率の低い企業, つまり100％未満の企業は, 経営の効率が良く収益力が高いことを示します。逆に損益分岐点比率が高い企業, つまり100％を超える企業は, 経営の効率が悪く収益力が低いことを示します。この比率を改善するには, 売上げの増加, 人件費の削減や原材料費などの変動費や固定費の引き下げなどが必要です。このように損益分岐点比率により企業の採算を分析することを**損益分岐点分析**, または**ＣＶＰ分析(Cost-Volume-Profit Analysis)** と言います。

　損益分岐点は, 会社がどのくらいの売上高を達成すれば, 利益がゼロになるかを計算するものです。損益分岐点図における損益分岐点の算式は, 次頁のとおりです。

　損益分岐点図の**損益分岐点**は, **利益がゼロのときの売上高**です。売上高が**損益分岐点より大きくなると利益が発生**します。逆に**売上高が損益分岐点より小さくなれば, 総費用＞売上高となり損失が発生**します。

　総費用は, 販売量や生産量（操業度）に比例して増加する**変動費**と生産量に関係なく一定額が発生する**固定費**からなります。

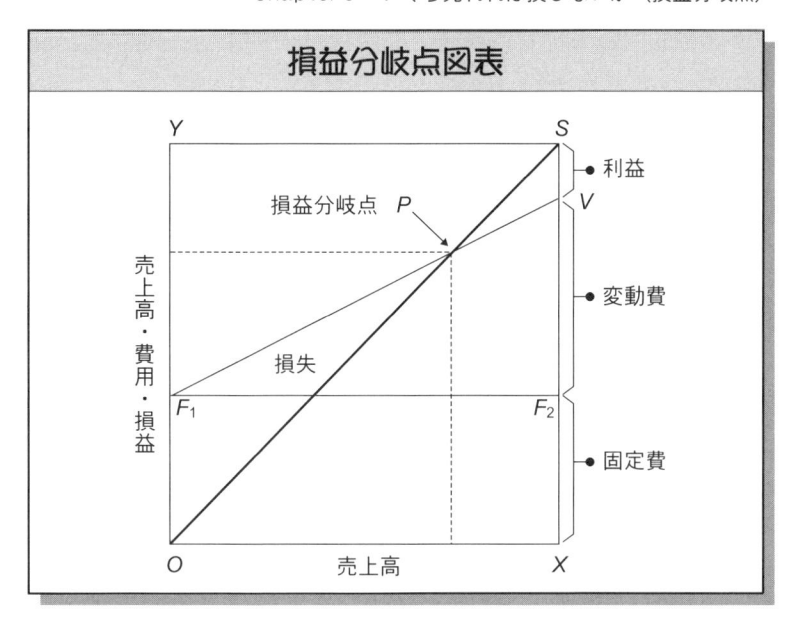

Chapter 9 いくら売れれば損しないか(損益分岐点)

損益分岐点図表

（図：縦軸 Y「売上高・費用・損益」、横軸 X「売上高」、原点 O から売上高線 OS、F_1 から F_2 への固定費線、F_1 から V への総費用線、交点 P が損益分岐点。右側に利益、変動費、固定費の区分を示す。損失領域も表示。）

損益分岐点について算式を展開すると，次のようになります。

$$売上高 - 変動費 = 限界利益$$

$$固定費 - 限界利益 = 0 のとき$$

$$固定費 = 限界利益$$

$$= 売上高 - 売上高 \times \frac{変動費}{売上高}$$

$$= 売上高 \times \left(1 - \frac{変動費}{売上高}\right)$$

$$損益分岐点売上高 = \frac{固定費}{1 - \dfrac{変動費}{売上高}}$$

なお，$\dfrac{変動費}{売上高}$ を**変動費率**

（1−変動費率）を**限界利益率**と言います。

たとえば，予定固定費1,000万円，変動費率0.6の場合の損益分岐点売上高は，次のように計算します。

$$損益分岐点売上高 = \frac{1,000万円}{1-0.6} = 2,500万円$$

上記の条件のもとで利益目標を100万円とした場合の売上高を求めると次のようになります。

$$目標利益を達成する売上高 = \frac{1,000万円 + 100万円}{1-0.6} = 2,750万円$$

損益分岐点比率は，次の算式によって求めます。

$$損益分岐点比率 = \frac{固定費}{売上高 - 変動費} \times 100 （\%）$$
$$または$$
$$= \frac{損益分岐点売上高}{実際売上高} \times 100 （\%）$$

上記の例で損益分岐点比率を求めると，91％（％未満四捨五入）になります。

$$\frac{1,000万円}{2,750万円 - (2,750万円 \times 0.6)} \times 100 = 91\%$$
$$または$$
$$\frac{2,500万円}{2,750万円} = 91\%$$

Chapter 9 いくら売れれば損しないか（損益分岐点）

なお，変動費と固定費の例をあげると，次のとおりです。

変動費と固定費の例		
業　　種	変　動　費	固　定　費
商　　業	売上原価，販売手数料，歩合給など	事務所などの減価償却費，従業員給料，賃借料，固定資産税，支払保険料，支払利息など
製　造　業	原材料費，工場労働者の賃金，外注加工賃，特許権など	工場などの減価償却費，従業員給料，賃借料，固定資産税，支払保険料，支払利息など

また，損益分岐点を販売数量に当てはめると，次の算式により損益分岐点販売数量を求めることができます。

$$損益分岐点販売数量 = \frac{固定費}{販売単価 - \dfrac{変動費}{販売数量}}$$

たとえば，1個当たり販売単価2,600円，固定費60万円，変動費100万円および販売数量1,000個とすると，損益分岐点販売数量は375個になります。

2　損益分岐点はどのようにして改善するか

損益分岐点を引き下げるということは，その分だけ利益が増加することを意味します。それには，次の3つのパターンがあります。

(1) 売価（販売単価）の切り上げによる損益分岐点の改善

売価（販売単価）の切り上げにより損益分岐点が改善し，その分利益が増加します。

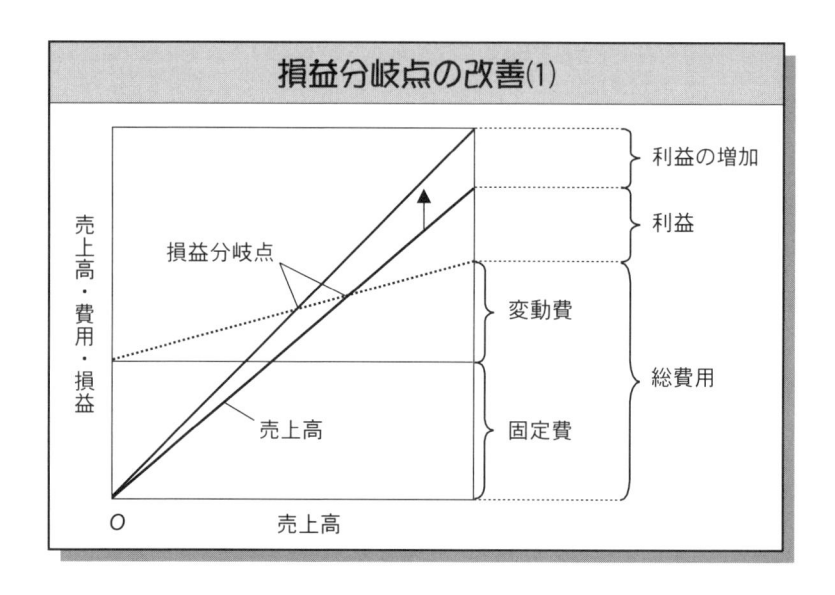

損益分岐点の改善(1)

（縦軸：売上高・費用・損益、横軸：売上高。損益分岐点、売上高の線、総費用（変動費＋固定費）、利益、利益の増加を示す図）

しかし，不景気時に販売価格を上げることは困難です。そこで，変動費や固定費を削減することにより損益分岐点を改善し，利益を増加することになります。

(2) 変動費の削減による損益分岐点の改善

変動費の削減により損益分岐点が改善し，その削減分利益が増加します。

Chapter 9 いくら売れれば損しないか（損益分岐点）

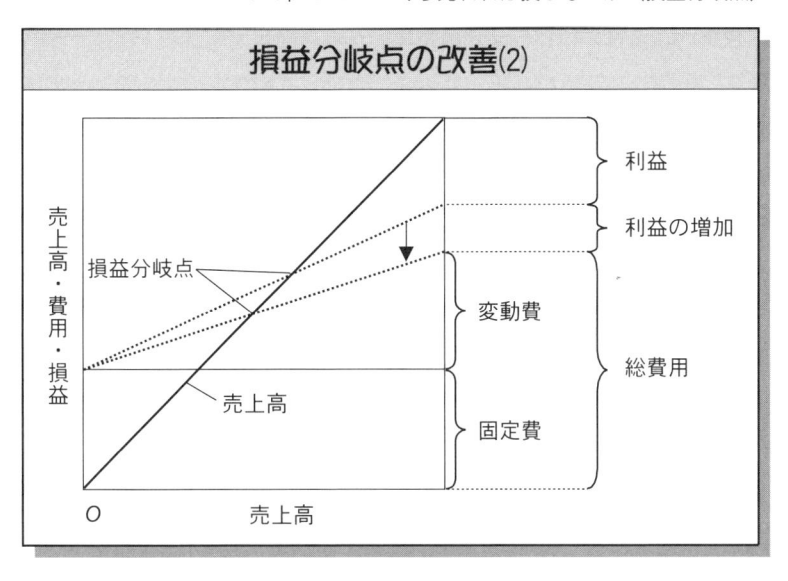

損益分岐点の改善(2)

(3) 固定費の削減による損益分岐点の改善

変動費の削減により損益分岐点が改善し，その削減分利益が増加します。

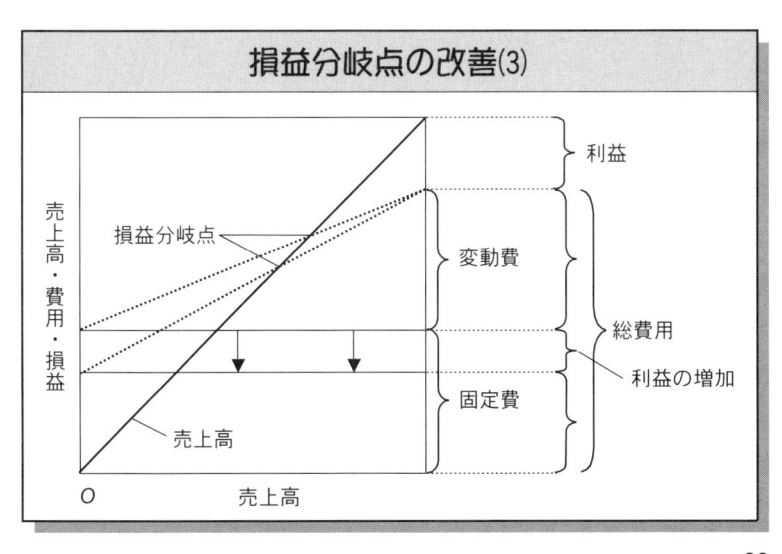

損益分岐点の改善(3)

以上のことは，損益分岐点販売数量からも証明できます。前述の算式から，販売単価を上げ，固定費および変動費を削減すると，損益分岐点販売数量は減少し改善します。

3　N社の損益分岐点改善の事例

　さて，損益分岐点比率の改善について，N社の事例を見てみましょう。N社の20×1年3月期の損益分岐点比率は95.9％でしたが，20×2年3月期の損益分岐点比率は102.6％と100％を超えてしまいました。そこで，損益分岐点比率の改善に取り組み，20×3年3月期の損益分岐点比率を98.3％に改善する計画を立てました。なお，損益分岐点比率は，％小数点2位以下四捨五入で計算します。損益分岐点比率は，主に固定費を削減することにより行われたのです。その経緯は，次のとおりです。

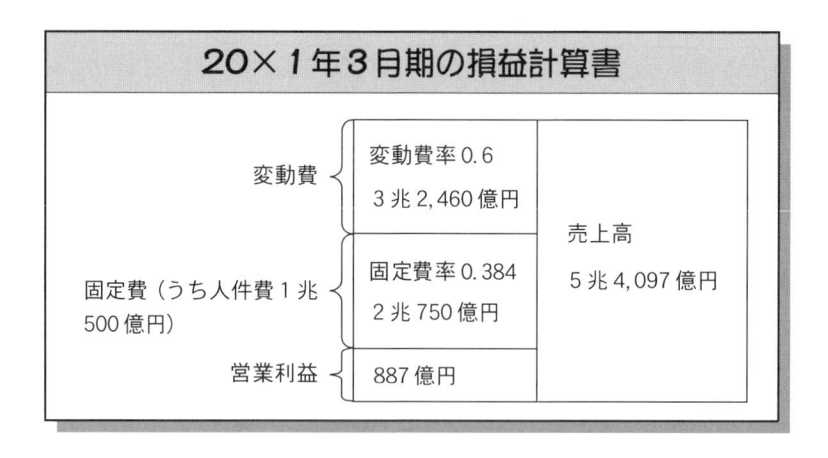

20×1年3月期の損益計算書

変動費	変動費率0.6　3兆2,460億円	売上高　5兆4,097億円
固定費（うち人件費1兆500億円）	固定費率0.384　2兆750億円	
営業利益	887億円	

　固定費率0.384は，次のように求めます。前述の損益分岐点比率から，固定費は2兆750億円になります。なお，固定費率および変動費率は小数点4位以下四捨五入，金額億円以下四捨五入で計算します。

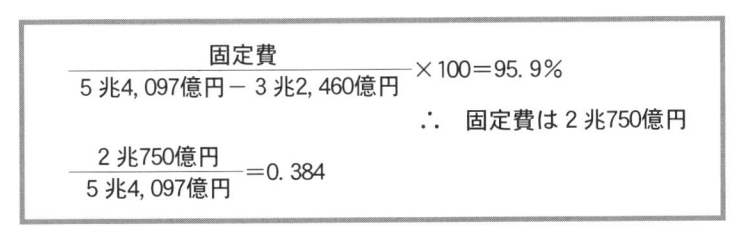

Chapter 9　いくら売れれば損しないか（損益分岐点）

$$\frac{固定費}{5兆4,097億円 - 3兆2,460億円} \times 100 = 95.9\%$$

∴ 固定費は2兆750億円

$$\frac{2兆750億円}{5兆4,097億円} = 0.384$$

　20×1年3月期の損益分岐点比率は95.9％ですので，4.1％の減収までは利益を確保できていましたが，20×2年3月期に損益分岐点比率が100％を超えたために，損失が発生しました。売上高が減少し，固定費が増加（うち，人件費が100億円増加）したのが損失発生の原因です。

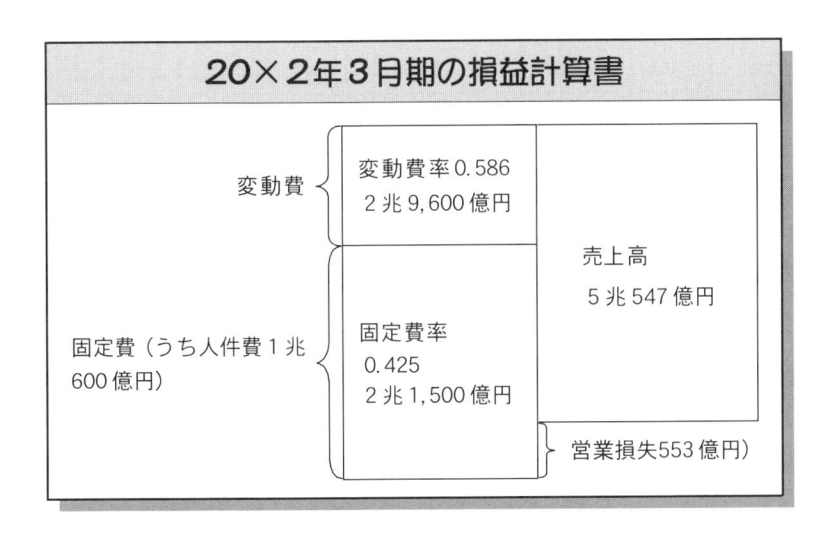

20×2年3月期の損益計算書

- 変動費：変動費率0.586　2兆9,600億円
- 固定費（うち人件費1兆600億円）：固定費率0.425　2兆1,500億円
- 売上高　5兆547億円
- 営業損失553億円

　これを受けて，N社は，営業利益を確保するために次のような計画を立てました。売上高の増加は難しいと判断し，変動費率を維持し，固定費を大幅に削減することにしたのです。固定費の削減は，リストラなどにより人件費を900億円削減し，投資抑制により減価償却費350億円を削減，外注の見直しで750億円を削減するなどして固定費を2,272億円削減

することにより1,012億円の営業利益を確保することにしました。これにより，損益分岐点比率を102.6％から95％に7.6％改善する計画を立てたのです。

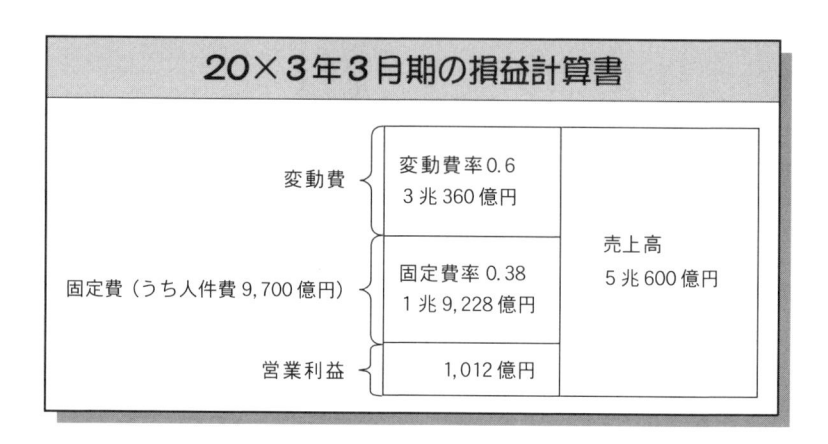

```
20×3年3月期の損益計算書

変動費 ┤ 変動費率0.6
         3兆360億円              売上高
                                 5兆600億円
固定費（うち人件費9,700億円）┤ 固定費率0.38
                              1兆9,228億円

営業利益 ┤ 1,012億円
```

4 安全余裕率を求める

売上高が損益分岐点売上高を超過すればするほど，損失発生までの余裕が生じます。これを，安全余裕率と言います。算式は次のとおりで，この比率は高いほど望ましいのです。

$$安全余裕率 = \frac{売上高 - 損益分岐点売上高}{売上高} \times 100 (\%)$$

5 変動費と固定費の区分のメリット

総費用を変動費と固定費に区分することは，利益管理にも役に立ちます。利害関係者に対する外部報告のための損益計算書では，費用を売上

Chapter 9 いくら売れれば損しないか（損益分岐点）

原価や販売費及び一般管理費に区分しますが，製造業では経営管理上費用を操業度との関連で変動費と固定費に区分して直接原価計算方式の損益計算書を作成します。その構成は，次のとおりです。

直接原価計算方式の損益計算書

売　上　高	×××	
変　動　費	△×××	→操業度に比例して発生する売上原価など
限 界 利 益	×××	→売上高から変動費控除後の残額
個 別 固 定 費	△×××	→製品別や事業別などセグメントの経営活動に固有の固定費
貢 献 利 益	×××	→固定費の回収と利益の稼得に対する各セグメントの貢献額
共 通 固 定 費	△×××	→総務部，人事部および経理部などで生じる本社費用など
営 業 利 益	×××	

　直接原価計算方式の損益計算書は，費用を変動費と固定費に分けることにより，製品別や事業別などのセグメントごとの利益管理に役立ちます。

　変動費と販売費に関連して，**マクドナルド**の例を見てみましょう。**マクドナルド**は，210円のハンバーガーを100円に値下げをしました。私たちの常識からすれば，210円から100円に値下げをすれば，利益が吹っ飛んでしまうと考えるのですが，次のように逆にハンバーガー１個当たりの営業利益は12.9円から34.7円に増加しています。

マクドナルドの変動費と固定費		210円バーガー	100円バーガー
変 動 費	原 材 料 費	57.5円	57.5円
固 定 費	社 員 人 件 費	40.7円	2.3円
	店 舗 賃 借 料	21.0円	1.2円
	広 告 宣 伝 費	11.3円	0.6円
	その他の経費	66.6円	3.7円
営 業 利 益		12.9円	34.7円

　その秘密は，販売個数の増加にあります。1個当たりでいえば，変動費である原材料費は，販売個数がいくら増加しても，1個当たり57.5円に変わりはありません。これに対して，固定費である社員人件費などは，売上個数が増加すれば，1個当たりの費用がそれに比例して減少していきます。

　その結果，売れれば売れるほど1個当たりの固定費が小さくなり，1個当たりの営業利益が増加することになるのです。

　商品の販売数量が増加すると当然売上高も増加します。同時に，商品1個当たりの固定費は減少するので，利益はさらに増加することになります。

CHAPTER 10

資本は有効に使われているか

1 資本回転率で資本の有効利用を見る
2 資本利益率で資本の有効利用を見る
3 ヤマダ電機と三井不動産を比べる
4 キリンビールとアサヒビールを比べる
5 ROEやROICで資本の有効利用を見る

1　資本回転率で資本の有効利用を見る

　資本が有効に使われ，しっかり利益を生み出しているかどうか判定する指標として，**資本回転率**および**資本利益率**があります。

　資本回転率は，**資本に対する売上高の倍数**です。回転「率」と言いますが，一定期間に資本が何回転したかという「回数」を計算するものです。この回数は，高ければ高いほど総資本が売上高に貢献していることになり，資本が有効に利用されていることになります。これを計算する算式の1つに，**総資本回転率**があります。算式は，次のとおりです。

$$総資本回転率 = \frac{売上高}{総資本}（回）$$

　総資本回転率は，企業が使うすべての資産，つまり，総資本がどれだけ効率的に運用されているかを表す指標です。回転率（回数）が高いほど資本を効率的に使用しており，活力があります。**回転率を高める**ためには，総資本を増やさず売上げを増やすか，売上げを維持しながら，総資本を減らせばよいのです。

　この他，資産の有効利用を把握する指標としては，**有形固定資産回転率**があります。この回転率は，一期間に有形固定資産の何倍の売上げがあったかを表す指標で，有形固定資産の効率的な運用度合いを示します。巨額の資金を拘束するために，合理的な設備投資計画，遊休設備および無駄な資産がないかをチェックします。ただ，設備投資時に一時的に下がることに留意する必要があります。算式は，次のとおりです。

$$\text{有形固定資産回転率} = \frac{\text{売上高}}{\text{有形固定資産}} \text{(回)}$$

2　資本利益率で資本の有効利用を見る

資本利益率は，資本に対する利益の割合です。この比率は，貸借対照表のどの資本を用い，損益計算書のどの利益を用いるかにより，次の比率があります。

資本利益率の種類

資本利益率 ┬ 総資本経常利益率
　　　　　├ 経営資本営業利益率
　　　　　├ 総資本当期純利益率
　　　　　└ 自己資本当期純利益率

なお，分子の**経常利益**に対して，**事業利益**を用いることがあります。事業利益は，営業利益に受取配当金や受取利息などの金融収益を加算して求めます。

総資本経常利益率は，総資本が稼いだ経常利益を％で示すものです。この比率が高いと資本が有効に使われていることを示します。この算式は，次のように分解できます。なお，総資本を総資産に代えて**総資産経常利益率**ということもあります。

$$総資本経常利益率 = \frac{経常利益}{総資本} \times 100(\%)$$

$$= \frac{売上高}{総資本} \times \frac{経常利益}{売上高} \times 100(\%)$$

$$= 総資本回転率 \times 売上高経常利益率 \times 100(\%)$$
$$\ (回数)\qquad\quad (\%)$$

　この結果，単に総資本経常利益率が高いか低いかだけではなく，その原因を分析することができます。総資本経常利益率を高めるためには，総資本回転率を速くし，売上高経常利益率を高めれば良いのですが，現実はそう上手くいきません。

　たとえば，不動産や貸ビル業は総資本の回転が鈍いが，売上高経常利益率は高く，スーパーマーケット，薄利多売の家電量販店さらにコンビニエンスストアなどは総資本の回転が速いが，売上高経常利益率は低いという特徴があります。総資本の回転率（回数）が高く，売上経常利益率が高いという企業はないと考えた方が無難です。

3　ヤマダ電機と三井不動産を比べる

　家電量販店を展開する**ヤマダ電機**と不動産業を営む**三井不動産**を取り上げ，**総資本経常利益率**を分析してみましょう（データは，2008年3月期です）。

Chapter10 資本は有効に使われているか

ヤマダ電機と三井不動産のデータ（単位：百万円）

	売上高	経常利益	総資本
ヤマダ電機	1,767,818	81,652	750,700
三井不動産	1,360,023	162,835	3,634,489

　売上高は**ヤマダ電機**が**三井不動産**より多く，経常利益と総資本は**三井不動産**が**ヤマダ電機**より多いことがわかります。しかし，これだけでは両社の特徴は不透明です。そこで，総資本経常利益率の分析を行います（利益率は％小数点3位以下，回転率は小数点3位以下四捨五入）。

ヤマダ電機と三井不動産の総資本経常利益率の分解

	ヤマダ電機	三井不動産
総資本経常利益率	10.88％	4.48％
総資本回転率	2.35回	0.37回
売上高経常利益率	4.62％	11.97％

　これにより，不動産業は総資本の回転が鈍いが，売上高経常利益率は高く，家電量販店は総資本の回転が速いが，売上高経常利益率は低いということがわかります。つまり，総資本の回転率（回数）が速く，売上経常利益率が高いという企業はないのです。このことを踏まえ，総資本経常利益率の分析を行う必要があります。

4　キリンビールとアサヒビールを比べる

　同業種である**キリンビール**と**アサヒビール**の総資本経常利益率を分析してみましょう。**キリンビール**と**アサヒビール**の2008年12月期の売上高，

経常利益および総資本は,次のとおりです。

キリンビールとアサヒビールのデータ（2008年12月期）

	キリンビール	アサヒビール
売　　上　　高	23,035億円	14,627億円
経　常　利　益	1,030億円	965億円
総　資　　　本	26,196億円	12,991億円

キリンビールの総資本経常利益率は,次のように計算します（利益率は％小数点2位以下,回転率は小数点3位以下四捨五入）。

$$\frac{1,030億円}{26,196億円} \times 100 = 3.9\%$$

$$= \frac{23,035億円}{26,196億円} \times \frac{1,030億円}{23,035億円} \times 100$$

$$= 総資本回転率0.88回 \times 売上高経常利益率4.5\%$$

アサヒビールの総資本経常利益率は,次のように計算します。

$$\frac{965億円}{12,991億円} \times 100 = 7.4\%$$

$$= \frac{14,627億円}{12,991億円} \times \frac{965億円}{14,627億円} \times 100$$

$$= 総資本回転率1.13回 \times 売上高経常利益率6.6\%$$

なお,金額の単位を億円で計算しているため,誤差が生じていることをご理解ください。適時調整をして計算を行っています。

Chapter10 資本は有効に使われているか

これを表にまとめると，次のようになります。

キリンビールとアサヒビールの総資本経常利益率の分解		
	キリンビール	アサヒビール
総資本経常利益率	3.9%	7.5%
総 資 本 回 転 率	0.88回	1.13回
売上高経常利益率	4.5%	6.6%

キリンビールとアサヒビールの総資本経常利益率を比べてみますと，アサヒビールがキリンビールの約1.9倍で，資本が有効に利用されていることを示しています。

次に，総資本経常利益率を総資本回転率と売上高経常利益率に分解すると，総資本回転率はアサヒビールがキリンビールよりも速く，売上高経常利益率もアサヒビールがキリンビールよりも高いことがわかります。

つまり，アサヒビールがキリンビールに比べ，資本を有効に利用して利益を計上していると判断できます。

このことは，2005年12月期から2008年12月期の総資本経常利益率を時系列的に表すと，より鮮明になります（次頁）。

アサヒビールは，総資本経常利益率がキリンビールに比べ高いだけでなく，低下傾向から上昇傾向に転じているのに対して，キリンビールは低下傾向が著しいのです。

キリンビールとアサヒビールの総資本経常利益率の推移

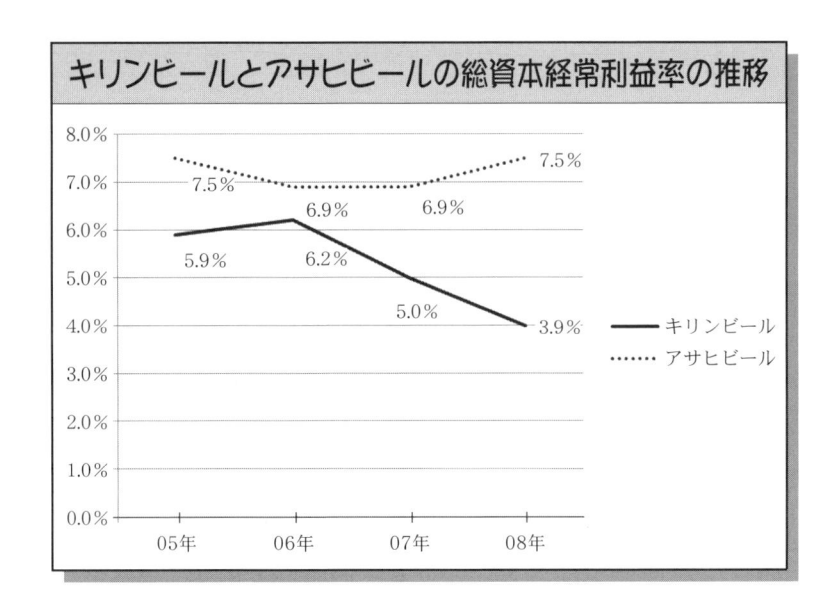

	05年	06年	07年	08年
キリンビール	5.9%	6.2%	5.0%	3.9%
アサヒビール	7.5%	6.9%	6.9%	7.5%

　2005年12月期から2007年12月期までは，売上高経常利益率は**キリンビール**が**アサヒビール**よりも高いにもかかわらず，総資本経常利益率は**アサヒビール**が**キリンビール**より高いのは，総資本回転率が**アサヒビール**の方が**キリンビール**より高いからです。

　これにより，**アサヒビール**が**キリンビール**に比べて，資本を有効に活用していることがわかります。2008年12月期になると，売上高経常利益率と総資本回転率とも**アサヒビール**が**キリンビール**を上回っています。

　キリンビールは，2007年12月期において総資本回転率，2008年12月期において売上高経常利益率の落ち込みが，総資本経常利益率の低下に拍車をかけています。**キリンビール**の売上高経常利益率の落ち込みは，支払利息の増加と為替差損の発生が原因です。

キリンビールとアサヒビールの売上高経常利益率と総資本回転率の推移

指 標	会社名	05年12月期	06年12月期	07年12月期	08年12月期
売上高経常利益率	キリンビール	7.0%	7.3%	6.8%	4.5%
	アサヒビール	6.4%	6.2%	6.2%	6.6%
総資本回転率	キリンビール	0.84回	0.85回	0.73回	0.88回
	アサヒビール	1.17回	1.12回	1.11回	1.13回

なお,総資本ではなく経営資本を用いて,経常利益率を求める算式は,次のとおりです。

$$経営資本経常利益率 = \frac{経常利益}{経営資本} \times 100 (\%)$$

経営資本とは,総資産－建設仮勘定－投資その他の資産－繰延資産で求め,企業の実質的な経営活動に利用される資本を言います。

総資本当期純利益率(return on investment：ＲＯＩ)は,総資本に対する当期純利益の割合で,一般に総資本利益率と言われています。ＲＯＩは,資本を効率的に運用しているかどうかを示します。当然,高い方が望ましいと言えます。算式は,次のとおりです。

$$ＲＯＩ = \frac{当期純利益}{総資本} \times 100 (\%)$$

なお,総資本の代わりに総資産を用いて,**総資産当期純利益率**(return on assets：ＲＯＡ)ということもあります。

総資本経常利益率の場合と同じく，**キリンビール**と**アサヒビール**のＲＯＩを比べてみましょう。両社のＲＯＩの2005年12月期から2008年12月期の推移は，次のグラフのとおりです。

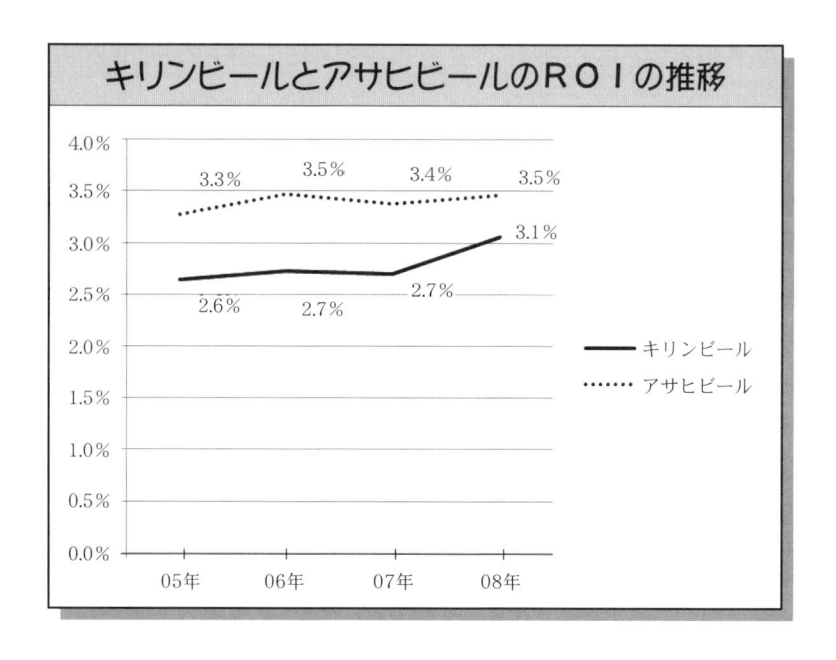

キリンビールとアサヒビールのＲＯＩの推移

	05年	06年	07年	08年
キリンビール	2.6%	2.7%	2.7%	3.1%
アサヒビール	3.3%	3.5%	3.4%	3.5%

　キリンビールのＲＯＩは，総資本経常利益率に比べると2008年12月期に上昇に転じています。ＲＯＩは，総資本回転率と売上高当期純利益率に分解できます。**キリンビール**のＲＯＩの上昇は，総資本回転率が2008年12月期に改善し，さらに売上高経常利益率に比べ売上高当期純利益率が上昇したことが要因です。**キリンビール**の売上高当期純利益率の上昇は，投資有価証券売却益，持分変動利益および土地収用等補償金の特別利益の増加が原因です。

　これに対して，**アサヒビール**の特別損益に大きな変動はありません。特別利益の計上による**キリンビール**のＲＯＩの上昇は，一時的で2009年

Chapter10 資本は有効に使われているか

12月期後も続くとは考えられず，総資本回転率を高め，かつ売上高当期純利益率の改善の経営努力が求められます。

5　ROEやROICで資本の有効利用を見る

自己資本当期純利益率(return on equity：ＲＯＥ)は，株主から預かった資金でどれだけ効率よく利益を上げたかを示す指標で，一般に自己資本利益率と言われています。計算式は次のとおりです。

$$ROE = \frac{当期純利益}{自己資本} \times 100(\%)$$

日本企業は，1980年代の**エクイティファイナンス**の収益性の低い金融資産を大量に抱え込んだ結果，ＲＯＥが欧米に比べ極端に低い水準に落ち込んだと言われています。

エクイティファイナンスとは，株式を発行して資金を調達することです。これに対して，社債の発行や銀行借入などにより，将来に償還や返済の義務を負う形で資金調達することを**デッド（負債）ファイナンス**と言います。

つまり，資金調達した資金が貸借対照表（バランスシート）の負債の部に入るものがデッドファイナンス，純資産の部に入るものがエクイティファイナンスです。最近では，資金調達のため高株価を維持するため，投資者を配慮して日本でもＲＯＥが重視されています。

ＲＯＥを高める即効薬として，(1)自己資本を減らすこと，(2)自己資本を増さず，利益を増やすことの２つがあります。(1)のためには自社株買

いや配当で還元し，(2)のためには借入金を増やして新事業に投資をし，あるいは企業を買収することが行われます。このような政策により高められるROEを重視することには，限界があると言わざるを得ません。

ROAやROEの欠点を補うために最近注目を浴びているのが，**投下資本利益率**（return on investment capital：ROIC）です。ROICは，企業が事業に投じた資金（投下資本）を使ってどれだけ効率的に利益を上げているかを示す指標で，算式は次のとおりです。

$$投下資本利益率（ROIC）=\frac{営業利益\times(1-税率)}{純資産+有利子負債}\times100(\%)$$

（**純資産＋有利子負債**）は**投下資本**を指します。**有利子負債**とは，借入金や社債など利息の支払いの必要がある負債を言います。ROAは分母の総資産に現預金や投資有価証券など営業利益を生まない資産も含まれ，ROEは借金を増やして自己資本比率を下げれば上昇するという欠点があります。その意味で，投下資本利益率は，より純粋に本業の収益性を表す指標と言うことができます。

中小企業の場合，**中小企業庁『中小企業の財務指標』**（平成17年度版）によれば，業種別の総資本経常利益率および総資本回転率は，次のとおりです。

業種別総資本経常利益率と総資本回転率

	総資本経常利益率	総資本回転率
建　　設　　業	1.6%	1.8回
製　　造　　業	2.1%	1.2回
情　報　通　信　業	3.4%	1.9回
運　　輸　　業	1.8%	1.5回
卸　　売　　業	1.6%	1.8回
小　　売　　業	0.6%	1.9回
不　動　産　業	1.6%	0.2回
飲　食　宿　泊　業	0.5%	1.7回
サ　ー　ビ　ス　業	2.3%	1.5回

　小売業および飲食宿泊業は，総資本回転率が速いのに総資本経常利益率が低いのは，売上高経常利益率が低いことを表しています。逆に，不動産業は，総資本回転率が遅いのに総資本経常利益率が高いのは，売上高経常利益率が高いことを表しています。

CHAPTER11

売上げの質はよいか

---

1 なぜ売上げの質に目を向けるのか
2 黒字倒産：アーバンコーポレーション
3 棚卸資産と売上債権から売上げの質を見る
4 粗利益は売上げの質の目安である
5 国際会計基準の導入で売上高が変わる

1 なぜ売上げの質に目を向けるのか

　日本では，かつて**市場シェア拡大主義**のもと**売上至上主義**がはびこっていました。営業マンは売上げなんぼで業績が評価され，毎日の朝礼では棒グラフで売上実績が示され，叱咤激励のなか満身創痍で売上拡大に勤しみました。

　高度成長時代が終り低成長時代を迎えると，市場シェア拡大主義への反省が唱えられ，売上高ではなくその債権（売掛金）の回収までが営業マンの仕事だといわれるようになりました。社長が営業畑出身者から経理畑出身者へ変わったりして，経済誌の話題をさらったものです。

　ところが，バブルが状況を一変させました。再び売上拡大主義が頭をもたげ，その挙句の果て，バブルの崩壊により**不良債権**が企業に重くのしかかり，経営難に陥る羽目になりました。バブルの崩壊は，**売上げの量**ではなく**売上げの質**に目を向けさせる契機となりました。

　売上げの量だけに目を向けると，**黒字倒産**という事態が発生します。黒字倒産とは，売上高を確保し，利益を計上しているにもかかわらず，倒産することを言います。これには，掛代金を有する得意先が倒産し，掛代金を回収できずに，**資金繰り**に窮し倒産する場合があります。

　現在の信用経済の下では，売上げは掛によるのが一般的です。したがって，売上げがいくらあっても，すぐに現金が入ってくるわけではありません。売上げの質が悪くて，得意先の売上債権が不良債権化すると，資金がショートし企業の存続が危ぶまれる事態に陥ることになります。

2　黒字倒産：アーバンコーポレーション

次のアーバンコーポレーションの経営破綻の事例は，黒字倒産でありながら少し趣を異にします。まず，同社の売上高と経常利益の推移を見てみましょう。

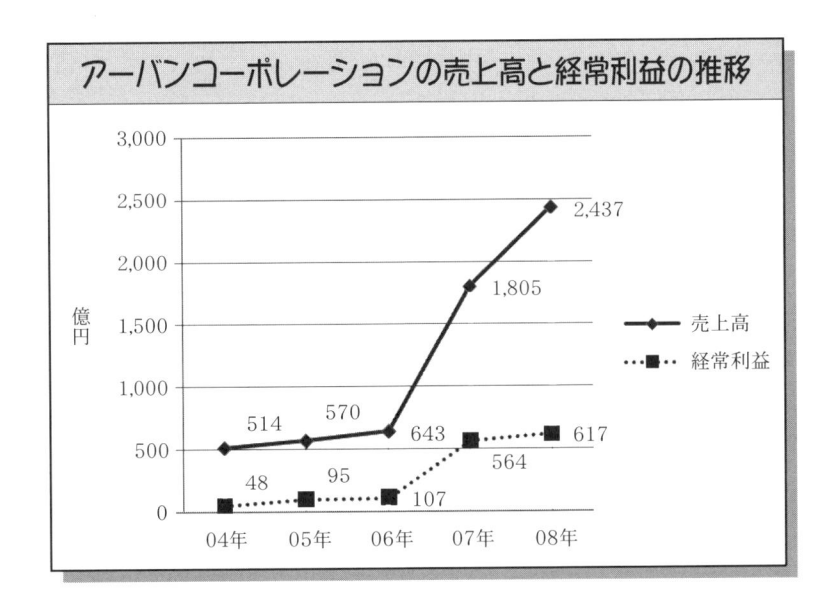

アーバンコーポレーションの売上高と経常利益の推移

年	売上高（億円）	経常利益（億円）
04年	514	48
05年	570	95
06年	643	107
07年	1,805	564
08年	2,437	617

2006年3月期から2007年3月期に売上高は3倍近くに伸び，2008年3月期にも順調に伸びていましたが，2008年8月13日に**民事再生法**の適用を東京地裁に申請し受理され，経営が破綻しました。負債総額は2,558億円です。2008年3月期の**有価証券報告書**において，1年以内に経営破綻するリスクを抱えているという「**継続企業の前提**」の疑義を監査法人は指摘していませんでした。まさに，青天の霹靂でした。

アーバンコーポレーションの経営破綻の原因は，棚卸資産の増大とそれを支えた有利子負債の増大にありました。

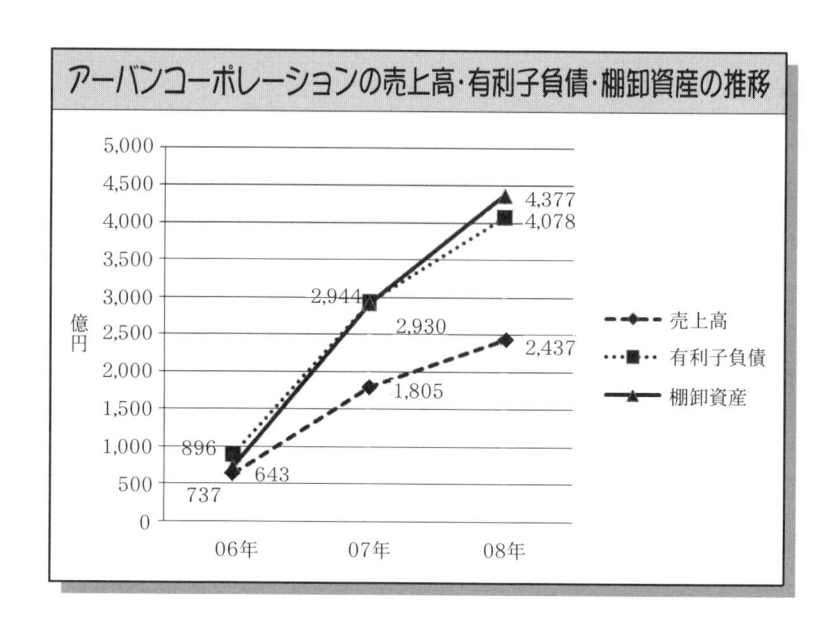

アーバンコーポレーションの売上高・有利子負債・棚卸資産の推移

（縦軸：億円）

	06年	07年	08年
売上高	643	1,805	2,437
有利子負債	896	2,930	4,078
棚卸資産	737	2,944	4,377

　売上げが急に伸びた2006年3月期から2008年3月期の売上高，有利子負債および棚卸資産の推移を見ると，売上高の伸びに対して有利子負債と棚卸資産の伸びが著しく高いことがわかります。

　アーバンコーポレーションの主たる事業は，古くなったオフィスビルをリニューアルして価値を生み出し，投資ファンドなどに販売する不動産業でした。それがサブプライムローン問題により投資ファンドが不動産事業への投資を引き揚げると，棚卸資産が不良在庫になるとともに，有利子負債の返済に窮し資金繰りが悪化し，経営が破綻しました。

　アーバンコーポレーションの事例は，売上高の伸びに目を奪われることなく，在庫管理や資金調達の状況を踏まえて，売上高の質を考えなければならないことを示しています。

3 棚卸資産と売上債権から売上げの質を見る

　棚卸資産の売上状況を見る指標として，**棚卸資産回転率**があります。これは，売上げに占める棚卸資産の割合を表す指標です。在庫で将来利益を稼ぐか，不良化させて損失となるかは，在庫が正常な回転をしているかどうかによります。在庫の回転が遅いと資金の滞留が生じ，長期化すれば資金繰りが悪くなります。算式は，次のとおりです。なお，分母の棚卸資産は，期首棚卸資産と期末棚卸資産の平均または期末棚卸資産です。分子の売上高は売上原価を用いることもあります。

$$棚卸資産回転率 = \frac{売上高}{棚卸資産}（回）$$

　棚卸資産回転率は，次のように**棚卸資産回転期間（日）**で表すこともできます。

$$棚卸資産回転期間（日） = \frac{棚卸資産}{売上高} \times 365（日）$$

　棚卸資産回転期間が30日である場合，その棚卸資産の仕入れから販売まで30日かかったことを意味します。365日を12か月にすると棚卸資産回転期間（月）になります。

　また，売上債権の回収状況を見る指標として，**売上債権回転率**があります。これは，売上げに占める売上債権の割合を表す指標です。売上債権は，（売掛金＋受取手形＋割引手形）です。設備投資は自己資本の範囲内で行い，在庫管理を徹底し資金を寝かせず，売上債権の期日を管理し回収もれがないようにして資金繰りを行います。この比率の悪化は，

売上債権の滞留による資金繰りの悪化を示し，それをしのぐために借入金に依存することになり，支払利息が増加し，売上高経常利益率が悪化する原因となります。算式は，次のとおりです。

$$売上債権回転率 = \frac{売上高}{売上債権}（回）$$

売上債権回転率は，次のように**売上債権回転期間（日）**で表すこともできます。

$$売上債権回転期間（日） = \frac{売上債権}{売上高} \times 365（日）$$

売上債権回転期間が30日である場合，その棚卸資産の販売から代金回収まで30日かかったことを表します。365日を12か月にすると売上債権回転期間（月）になります。

4　粗利益は売上げの質の目安である

売上げの質を高めるためには，品揃えに注目する必要があります。あるスーパーは売上げが減少していることから，その原因を調査しました。その結果，集客力が低下していることが原因であることが判明しました。

集客力低下の原因は何か？　あるアナリストは，近くに**ユニクロ**があり，お客が**ユニクロ**に流れていることが原因と分析しました。そのスーパーは，衣料品が元々主力でありました。そこで，アナリストの解決策は，**ユニクロ**と競合する低価格の衣料品から競合しない衣料品へ品揃えを変え，つまり**粗利益**の高い商品を取り扱うことにより，利益を確保す

るという提案でした。また，それにより集客力を高め，衣料品以外の商品の売上を伸ばすことができるというのです。

　また，あるデパートでは，マフラーの売上動向を見るために，マフラーにチップを組み込み，お客がどの色のマフラーを手に取り，さらにどの色のマフラーをレジに持っていくかをセンサーで感知し，品揃えの工夫をしていると言います。

　売上げの質を高めることは，いかに**粗利益**を確保することができるかにかかっています。そのために，売れる商品の品揃えが重要になってきます。

5　国際会計基準の導入で売上高が変わる

　売上高自体を見る場合に注意しなければならない事例としては，商社があります。次の表は，2009年度3月期の売上高ベストテンです。

売上高のベストテン（2009年3月期）（単位：億円）

順位	会社名	業種	日本基準による売上高	米国基準による売上高
1	三菱商事	商社	223,891	61,464
2	トヨタ自動車	自動車	205,296	—
3	三井物産	商社	153,479	55,352
4	伊藤忠商事	商社	120,651	34,191
5	住友商事	商社	107,500	35,116
6	丸紅	商社	104,621	41,662
7	NTT	通信	104,163	—
8	ホンダ	自動車	100,112	—
9	日立	電気機器	100,004	—
10	日産自動車	自動車	84,370	—

商社について，**米国基準**による売上高をアニュアルレポートから抜粋しました。**日本基準**と米国基準では，売上げの認識規準が異なります。商社は，商品の売買の仲介をして利益を稼ぐのが本業です。この場合，日本基準では商品の取扱高を売上げとして会計処理しますが，米国基準では仲介手数料を収益に計上します。

　三菱商事の2009年3月期の売上高は，日本基準によれば22兆3,891億円で**トヨタ自動車**に匹敵します。ところが米国基準では30％にも満たない6兆1,464億円です。売上げの認識規準が異なるだけで，これほど売上高に違いがでることに留意しなければなりません。他の商社も似たりよったりです。

　最近，**国際会計基準**との統一化が話題となっていますが，国際会計基準では，商品の販売やサービスを提供する場合に不良在庫を抱える在庫リスクや代金回収できない信用リスクを取っていない企業は代理人とみなされ，取扱高ではなく取引から生じる手数料のみを売上高として計上することになります。商社は，国際会計基準では米国基準と同様に売上高が大幅に減少します。

　この他，百貨店の売上高も激減する可能性があります。百貨店の店頭に並んでいる商品が卸売業者やメーカーのものである場合（テナント），百貨店は在庫リスクを負わないので，国際会計基準では代理人としての販売とみなされ，取扱高ではなく手数料が売上げに計上されることになるからです。これにより，百貨店によっては売上高が半減する可能性があります。ただ，売上高が減少すると，売上高を分母に計算する利益率が上昇するという逆の結果を生み出すことになりますので，留意することが必要です。

Chapter11 売上げの質はよいか

　日本では，収益の認識規準は**販売基準**です。販売基準には，**出荷基準**（商品の出荷時），**積載基準**（商品をトラックなどへの積載時），**引渡基準**（商品を相手への引渡時），**入荷基準**（商品を相手方の倉庫へ入庫時），**検収基準**（相手方が商品検収時）があります。いつ売上を計上するかにより，売上高が変動します。国際会計基準の収益の認識規準を導入し，出荷基準が認められなくなると，売上高の計上に影響を及ぼす可能性があります。

　売上げの計上方法変更による減収などについては，各社の開示内容に注意する必要があります。また，**前受金**は将来の売上げになるので，売上げの質を把握するうえで留意しなければなりません。しかし，現在の収益の認識規準の下では，前受金を売上げに計上することは認められていません。

　売上高を把握するうえで，最近注目されているのは**ポイント引当金**です。ポイント引当金は，クレジットカードの利用や買い物でたまるポイントに備えて企業が引き当てるものです。ポイント引当金は，消費者への販売促進のため設定されると考えられ，日本ではその繰入額は**販売費**として計上するのが一般的です。

　ところで，ポイント引当金繰入額が**販売費**であるか，**売上高の控除**であるかは議論のあるところですが，**国際会計基準**では売上高から控除します。それはともかく，2005年8月期から2008年8月期までの**ビックカメラ**の売上高とポイント販促費およびポイント引当金繰入を抜粋すると，次のようになります。

ビックカメラのポイント引当金（単位：百万円）				
	05年8月期	06年8月期	07年8月期	08年8月期
売　上　高	418,324	428,136	446,409	489,542
ポイント販促費	32,750	33,836	33,057	35,295
ポイント引当金繰入	778	1,123	212	1,041

　ビックカメラは，ポイントが使われた際にポイント使用分を売上高として計上し，他方ポイント販促費として販売費に計上しています。そこで，ポイント販促費およびポイント引当金繰入を合計すると，次のとおりです。

ビックカメラの販促費とポイント引当金（単位：百万円）				
	05年8月期	06年8月期	07年8月期	08年8月期
ポイント費用合計	33,528	34,959	33,269	36,336

　次に，ポイント費用合計控除前の売上高と控除後の売上高をグラフで表すと，次のとおりです。

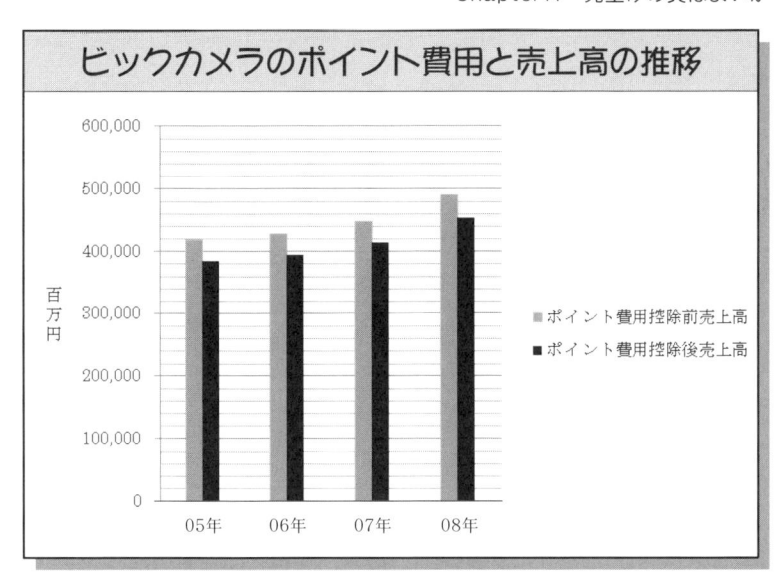

Chapter11 売上げの質はよいか

ビックカメラのポイント費用と売上高の推移

（百万円）

■ポイント費用控除前売上高
■ポイント費用控除後売上高

 2008年8月期においてポイント費用を売上高から控除すると，489,542百万円から453,204百万円に売上高が約7.4％減少します。ポイント費用を販売費とするかそれとも売上げから控除するかにより，売上高の計上に大きな影響を及ぼすのです。

 ビッグカメラは，2021年8月期の連結貸借対照表において13,025百万円のポイント引当金を記載しているが，翌2022年8月期においてポイント引当金はゼロである。これは，企業会計基準第29号「収益認識に関する会計基準」の適用による会計処理の変更のためである。2022年8月期の注記「ポイント制に係る収益認識」によれば，「顧客の商品販売に伴い付与するポイントについて，付与したポイントを履行義務として識別し，取引価格の配分を行い，契約負債を計上しております。」ということで，契約負債8,942百万円が流動負債の部に記載されている。

 「同実務指針」設例22において，付与したポイントを履行義務として

識別することができる場合は，次のような会計処理を行う。

借方科目	金額	貸方科目	金額
現金預金	×××	売上 契約負債	××× ×××

＊付与したポイントの取引価格の配分については説明を省略。

なお，履行義務が識別されないポイントは，従来どおりポイント引当金を設定することになる。

　売上げの質がよいかどうかは，単に売上高を見るのではなく，売上代金は回収できるか，粗利益はどうか，どのような規準で売上げを認識しているか，前受金と売上げの関係はどうなっているか，売上げから控除すべきものを費用としていないかなどをもとに判断しなければなりません。とくに，収益の認識規準は，国際会計基準を導入する場合に大きな影響を受けることを肝に銘じておかなければいけません。

CHAPTER 12

危ない会社の見分け方

1 債務超過はどのような状態か
2 負債と純資産の財務構造を見る
3 負債比率で危ない会社を見分ける
4 自己資本比率で危ない会社を見分ける
5 ドトールとスターバックスを比べる

1 債務超過はどのような状態か

　会社の**財務構造**を見るには，貸借対照表（バランスシート）を利用します。貸借対照表は，一定時点での会社の**財政状態**を表します。貸借対照表のしくみは，次の図のとおりです。

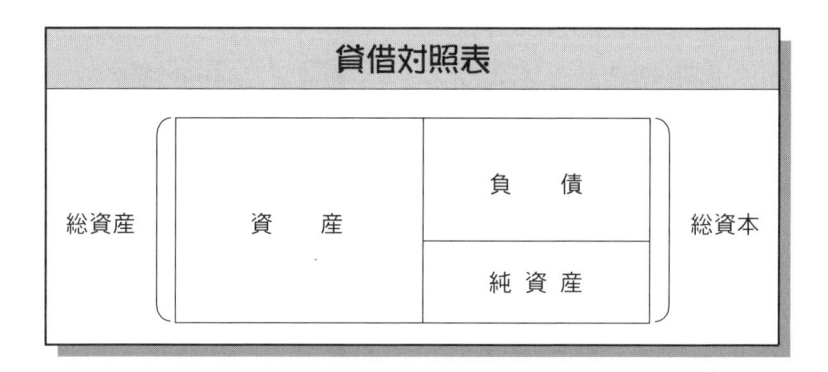

```
                    貸借対照表
            ┌─────────┬─────────┐
            │         │  負  債  │
  総資産    │  資  産  ├─────────┤  総資本
            │         │  純資産  │
            └─────────┴─────────┘
```

　貸借対照表は**総資産＝総資本**となり，総資本は負債と純資産から構成されます。つまり，**資産＝負債＋純資産**の等式が成り立ちます。資産は調達した資金を具体的にどのように運用しているかを，負債および純資産は会社の資金をどこから調達したかを表します。

　なお，負債を**他人資本**，純資産のうち新株予約権を除いたものを**自己資本**と言います（連結貸借対照表では，非支配株主持分も除く）。

　しかし，貸借対照表は，次の図のように負債が資産をオーバーすることがあります。これを**債務超過**と言います。

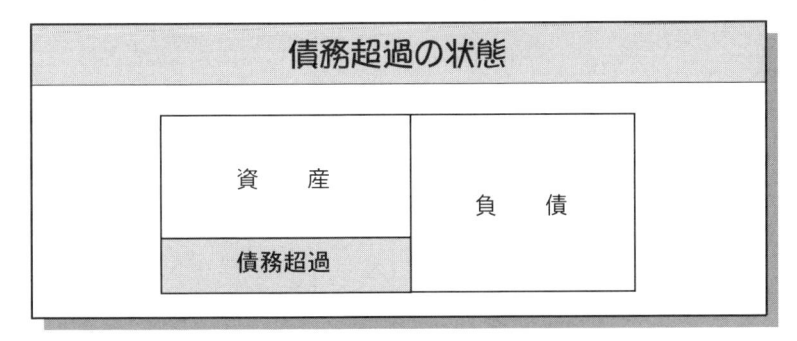

Chapter12 危ない会社の見分け方

```
┌─────────────────────────────────┐
│         債務超過の状態            │
│  ┌─────────────┬─────────────┐  │
│  │             │             │  │
│  │  資  産      │  負  債      │  │
│  │             │             │  │
│  ├─────────────┤             │  │
│  │  債務超過    │             │  │
│  └─────────────┴─────────────┘  │
└─────────────────────────────────┘
```

　債務超過とは，損失が純資産をオーバーして，資産＜負債の状態を言います。この場合，増資をして損失をカバーするか，どこかの会社に買収されるかして生き残るしか道はありません。そうでなければ倒産です。

　東証1部上場のシステム開発会社**ニイウスコー**は，2007年6月期連結決算で当期純利益が302億円の赤字に転落して約40億円の債務超過になり，2008年4月30日に東京地方裁判所に民事再生手続き開始の申し立てを行い，受理されました。

　ニイウスコーは，過去5年間にわたり売上高にして約682億円の過大計上を行っていました。

　その**ニイウスコー**の2007年6月連結貸借対照表は，次のとおりです（千円未満端数処理のために貸借を調整している）。

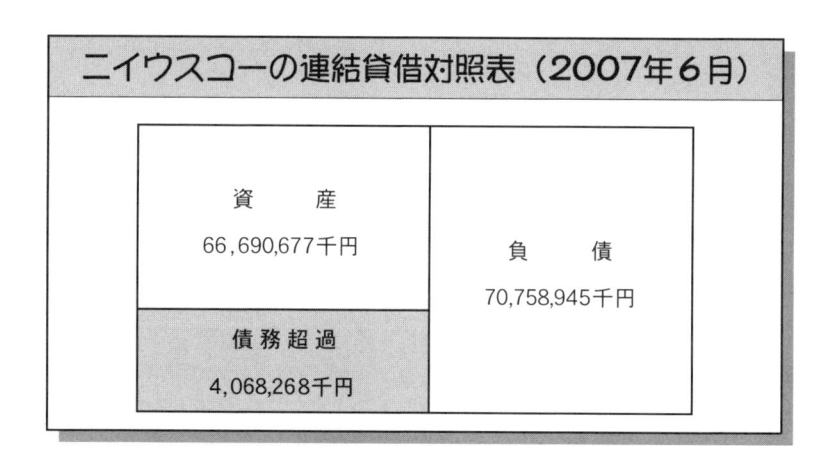

```
┌─────────────────────────────────────────────────┐
│   ニイウスコーの連結貸借対照表（2007年6月）       │
│  ┌─────────────────┬─────────────────────────┐  │
│  │                 │                         │  │
│  │   資   産       │                         │  │
│  │  66,690,677千円 │   負   債               │  │
│  │                 │  70,758,945千円         │  │
│  ├─────────────────┤                         │  │
│  │   債務超過      │                         │  │
│  │  4,068,268千円  │                         │  │
│  └─────────────────┴─────────────────────────┘  │
└─────────────────────────────────────────────────┘
```

　また，2010年1月29日には，**日本航空（JAL）**が経営破綻しました。**日本航空**は，会社更生法の適用を東京地裁に申請し，更生開始手続の開始決定を受けました。グループ3社合計で負債総額2兆3,221億円，約8,600億円の債務超過であったと，新聞は報じています。

　会社が債務超過に陥るということは，その存続に危険信号が灯ることです。債務超過に陥らないようにするためには，健全な経営を行う必要があります。粉飾決算により過大な利益を不法に計上していると，損失が膨らみ債務超過になりかねません。そうならないように傷が浅いうちに対策をとる必要があります。債務超過で倒産ということになると，会社を取り巻く様々な利害関係者に迷惑をかけることになるからです。

2　負債と純資産の財務構造を見る

　債務超過にならないまでも会社の財務構造には，常々注意を払う必要があります。そこで，貸借対照表の負債と純資産について詳しく見ていくことにしましょう。

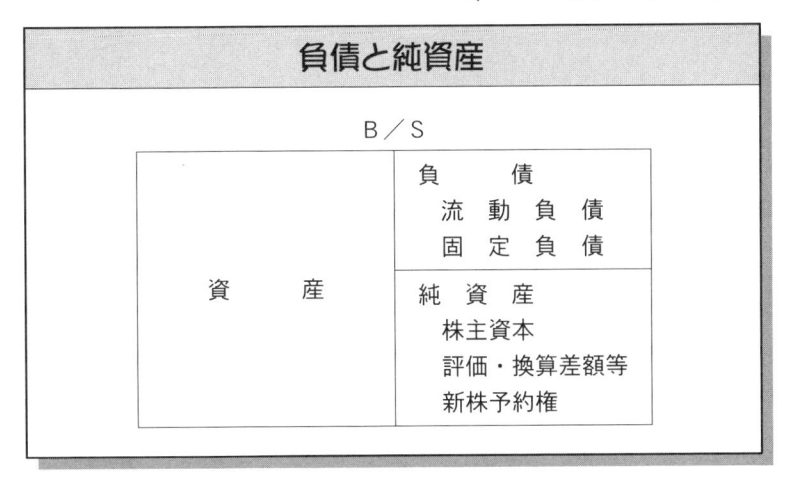

Chapter12 危ない会社の見分け方

```
┌─────────────────────────────────────┐
│         負債と純資産                  │
│                                     │
│            B／S                     │
│   ┌─────────┬─────────────┐         │
│   │         │   負    債    │        │
│   │         │   流 動 負 債 │        │
│   │         │   固 定 負 債 │        │
│   │ 資  産  ├─────────────┤         │
│   │         │   純 資 産   │        │
│   │         │   株主資本   │        │
│   │         │   評価・換算差額等 │   │
│   │         │   新株予約権 │        │
│   └─────────┴─────────────┘         │
└─────────────────────────────────────┘
```

　負債は，企業が負っている義務です。得意先に商品やサービスを提供する義務や仕入先の買掛金や銀行の借入金などの債務を支払う義務を言います。負債は，**流動負債**と**固定負債**に分類されます。この分類は，1年以内に支払期限が来るかどうかによります。これを**ワン・イヤー・ルール（1年基準）**と言います。この他，後述の**営業循環基準**があります。

　純資産は，資産から負債を控除した後の残余を言います。純資産は，**株主資本**，**評価・換算差額等**および**新株予約権**に分類されます。さらに，連結貸借対照表では，親会社以外の持分である**非支配株主持分**があります。

　株主資本は，資本金，資本剰余金，利益剰余金および自己株式からなります。

129

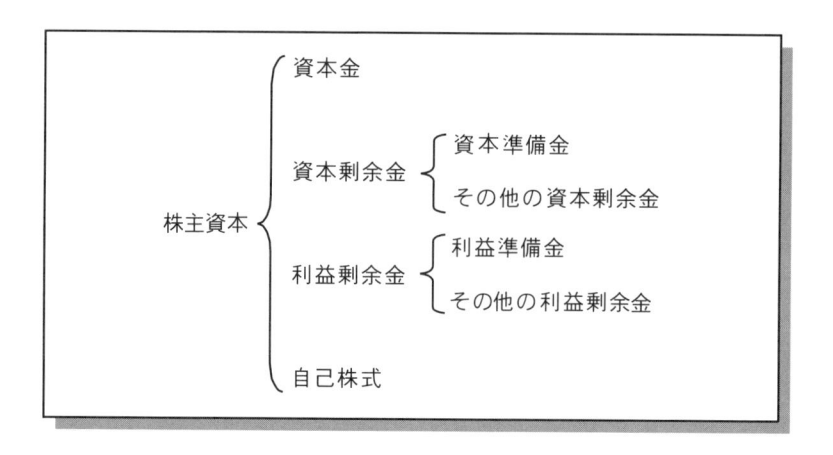

```
                    ┌ 資本金
                    │
                    │                ┌ 資本準備金
                    │ 資本剰余金  ─┤
                    │                └ その他の資本剰余金
     株主資本  ─┤
                    │                ┌ 利益準備金
                    │ 利益剰余金  ─┤
                    │                └ その他の利益剰余金
                    │
                    └ 自己株式
```

　株式会社の**資本金の額**は，会社法に別段の定めのある場合を除き，設立または株式の発行に際して株主となる者が当該株式会社に対して払込みまたは給付をした財産の額です。

　会社法によれば，払込金額の2分の1を超えない額は，資本金に計上しないことができます。この株主の払込金のうち資本金に算入されなかった払込剰余金が**株式払込剰余金（資本準備金）**となるのです。この他，合併差益などのその他の資本剰余金があります。

　利益剰余金は，会社法で積み立てが強制される利益準備金と会社の業績による利益の蓄積であるその他利益剰余金からなります。

　自己株式とは，発行済みの自社株式をその発行会社が自ら取得し保有している株式を言い，株主資本のマイナス項目です。自己株式は，処分あるいは消却されます。

　評価・換算差額等には，その他有価証券評価差額金および繰延ヘッジ損益のように，資産または負債を時価をもって貸借対照表価額とした場

合の評価差額を当期の損益としていない場合の当該差額や土地評価法第7条第2項により2002年3月末までの時限立法で認められた**土地評価差額金**があります。

新株予約権は，将来権利行使され払込資本となる可能性がありますが，失効して払込資本とならない可能性もあります。発行者側の新株予約権は，権利行使の有無が確定されるまでの間その性格が確定しませんが，返済義務のある負債ではなく，株主とは異なる新株引受権者との直接取引であるので，純資産の部に株主資本と区別して表示することになりました。

この他，連結貸借対照表では，**非支配株主持分**があります。これは，子会社の純資産のうち親会社以外の株主の持分を言います。

財務構造を分析する場合の自己資本とは，株主資本と評価・換算差額等の合計を言います。前述のように，新株予約権や非支配株主持分は含まれません。

3　負債比率で危ない会社を見分ける

危ない会社を見分ける財務分析の指標として，**負債比率**があります。負債比率は，自己資本に対する負債（他人資本）の割合です。負債が自己資本より大きいということは，企業の安定性が阻害されることになります。この比率は，低いほど財務の安定性は高いのです。算式は，次のとおりです。

$$負債比率 = \frac{負債}{自己資本} \times 100 (\%)$$

負債比率は，業種によって異なりますので，単純に異業種の会社を比較することはできません。上場会社の業種ごとの平均負債比率は，**三菱総合研究所『企業経営の分析』**（平成18年度版）によれば，次のとおりです。

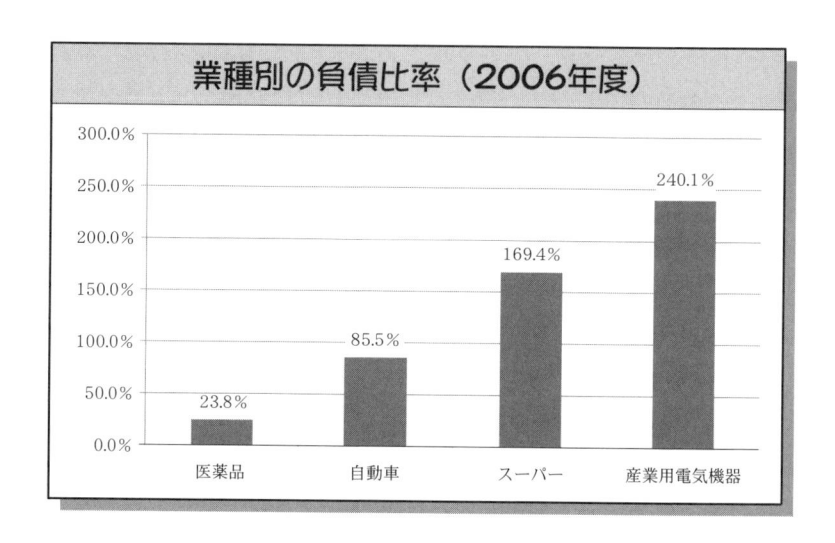

業種別の負債比率（2006年度）

業種	負債比率
医薬品	23.8%
自動車	85.5%
スーパー	169.4%
産業用電気機器	240.1%

　これによれば，**業種によって負債比率が異なる**ことがわかります。したがって，次のように，**武田薬品，トヨタ自動車，イオン，日立製作所**の負債比率を単純に比較して，その優劣を判断することはできません。

　各業種の平均負債比率とそれを代表する会社の負債比率を比べると相関関係があります。**武田薬品**の23.8%と**トヨタ自動車**の49.1%を比べて，**武田薬品がトヨタ自動車**より優れているとは即断することはできません。それは，同業種においては，**トヨタ自動車，イオン**および**日立製作所**は平均より低く，優良であるからです。

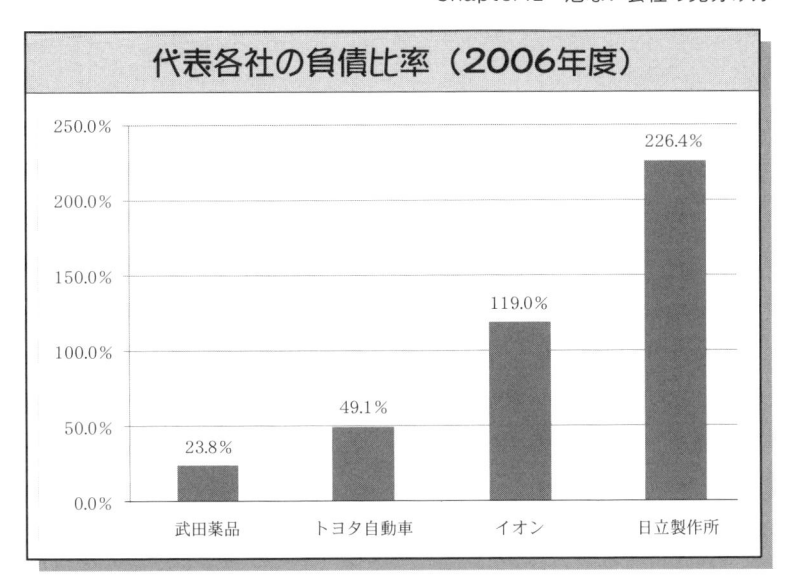

Chapter12 危ない会社の見分け方

代表各社の負債比率（2006年度）

- 武田薬品: 23.8%
- トヨタ自動車: 49.1%
- イオン: 119.0%
- 日立製作所: 226.4%

　各業種は，ビジネスの形態に相違があるので，その相違を無視して単純に比率を比べ，その優劣を判断するのは危険です。より正確な経営分析を行うためには，同業種内の会社を比較することも忘れてはいけません。

　そこで同業種の**トヨタ自動車，ホンダ**および**日産自動車**の負債比率を比較してみましょう。

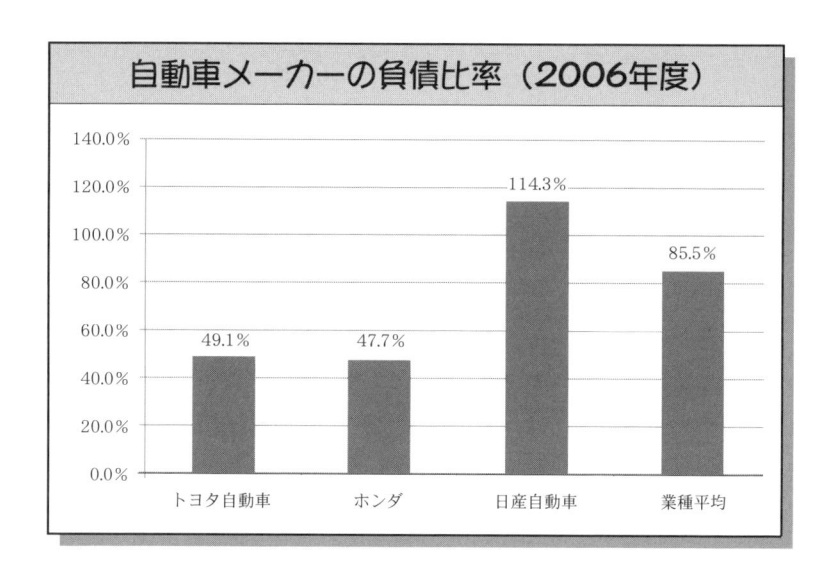

自動車メーカーの負債比率（2006年度）

- トヨタ自動車: 49.1%
- ホンダ: 47.7%
- 日産自動車: 114.3%
- 業種平均: 85.5%

　これにより，日産自動車は業界平均より悪いのに対して，**トヨタ自動車**と**ホンダ**は業界平均より良いことがわかります。

　負債の割合が高いということは，企業の経営にどのような影響を与えるのでしょうか。負債のうち借入金や社債のように利息の支払い義務のある負債を**有利子負債**と言います。

　たとえば，有利子負債が10億円あるということは，年利5％として5,000万円の支払利息が発生します。ということは，受取利息などの収益がないとすれば営業利益を5,000万円確保しないと，経常損失が発生することになります。企業の業績が良好である場合は，利息負担は苦になりませんが，景気の悪化などにより企業の業績が振るわなくなると，利子負担が重くのしかかってきます。

　負債比率を改善するためには，借入金や社債などの有利子負債を返済

するか，増資などによる自己資本の充実が必要です。有利子負債の返済には返済資金をどのように確保するかが課題となります。遊休資産の売却や立替金などの回収により得た資金を返済に充てるようにすべきでしょう。現在稼働中の収益をもたらす資産を売却し，有利子負債の返却に充てることは，会社の将来の業績に大きな影響を与えることになる可能性が高いので，できるだけ避けるべきでしょう。

有利子負債の平均利子率の算式は，次のとおりです。

$$\text{有利子負債の平均利子率} = \frac{\text{負債利子額}}{\frac{\text{期首有利子負債}+\text{期末有利子負債}}{2}} \times 100(\%)$$

計算の期間は１年です。分母を社債，分子を社債利息にすると，**社債の平均利子率**が計算できます。同様に，借入金や割引手形の平均利子率を計算できます。割引手形の割引料は，支払割引料ではなく手形売却損になりました。計算のときに，注意してください。また，期末に異常に借入金が集中すると借入金の利子率が低くなるし，逆に期末に借入金を集中して返済すると異常に利子率が上昇するので，有利子負債の平均利子率の計算上注意する必要があります。

有利子負債が企業経営の足枷(あしかせ)にならないようしなければなりません。

4　自己資本比率で危ない会社を見分ける

企業の財務構造を判断する指標として，**負債比率**の他に**自己資本比率**があります。自己資本比率は，総資本に対する自己資本の割合です。算式は，次のとおりです。

$$自己資本比率 = \frac{自己資本}{総資本} \times 100(\%)$$

　間接金融中心のわが国では，直接金融中心の欧米に比べ自己資本比率は低いと言われてきました。証券市場の発達の遅れたわが国では，企業の設備資金の調達は銀行からの借入金に依存せざるをえず，自己資本比率は低かったのです。

　ただ，高度経済成長の下で好調な業績をあげ，借入金の利子を上回る利益を確保した企業は，借入金が企業経営の重荷になることはありませんでした。さらに，インフレーションにより，借入金の返済が軽減されるなどのメリットも生じました。

　しかし，経済成長に伴いわが国でも証券市場の整備が行われ，株式の時価発行による増資などにより資金の余裕が出てきた企業は，逆に銀行への借入金を返済するようになりました。優良貸出企業を失った銀行がバブル期にゴルフ場の開発事業などに過剰融資を行い不良債権の処理に苦しんだのは記憶に新しいところです。

　景気が悪化し企業の経営業績が振るわなくなると，有利子負債の利息が利益を圧迫しますが，資本金の支払配当金は利益がなければ支払いができませんので，自己資本の充実は不況抵抗力があると言われています。つまり，この比率は不況抵抗力の判断基準となります。

　このように，安定した経営を行うためには，自己資本を充実する必要があるのですが，自己資本比率の向上にこだわりすぎると会社の経営は消極的になり，増収増益のチャンスを失い，逆に軽視して積極的経営を

Chapter12 危ない会社の見分け方

行うと，不況期に資金繰りに追われ，経営が苦しくなることになります。

三菱総合研究所『企業経営の分析』（平成18年版）によれば代表各社の自己資本比率は，次のとおりです。

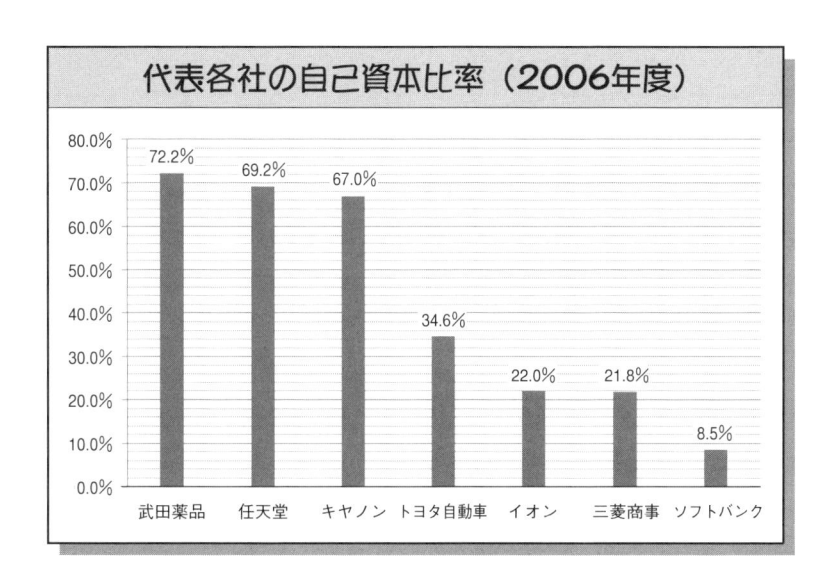

代表各社の自己資本比率（2006年度）

- 武田薬品　72.2%
- 任天堂　69.2%
- キヤノン　67.0%
- トヨタ自動車　34.6%
- イオン　22.0%
- 三菱商事　21.8%
- ソフトバンク　8.5%

　武田薬品，**任天堂**および**キヤノン**の自己資本比率は，非常に高いことがわかります。これらの企業は，企業業績が好調で内部留保が厚く，自己資本の充実につながっています。それでは，**トヨタ自動車**はどうでしょうか。**トヨタ自動車**の企業業績は，2009年3月期こそ金融危機の影響で消費が落ち込み損失を出しましたが，それまでの利益の積み重ねで内部留保も充実し，優良企業と言われてきました。22.0％の**イオン**や21.8％の**三菱商事**，8.5％の**ソフトバンク**もそれぞれの業種では，優良企業です。

　つまり，異業種の会社の自己資本比率を単純に比較して優劣を判断す

ることは，必ずしも正しいとは言えないのです。上場会社の自己資本比率は，平均すると35％から40％と言われていますが，それはあくまで目安となる平均です。業種間の特質を無視したものです。とは言え，平均よりはるかに高い**武田薬品**，**任天堂**および**キヤノン**は，評価に値するでしょう。

5　ドトールとスターバックスを比べる

さて，**ドトール**の2003年3月期から2007年3月期の負債比率と自己資本比率の推移を見ましょう。決算短信から数値を拾いました。ただし，**ドトール**は連結の数値ですが，**スターバックス**は非連結の数値です。

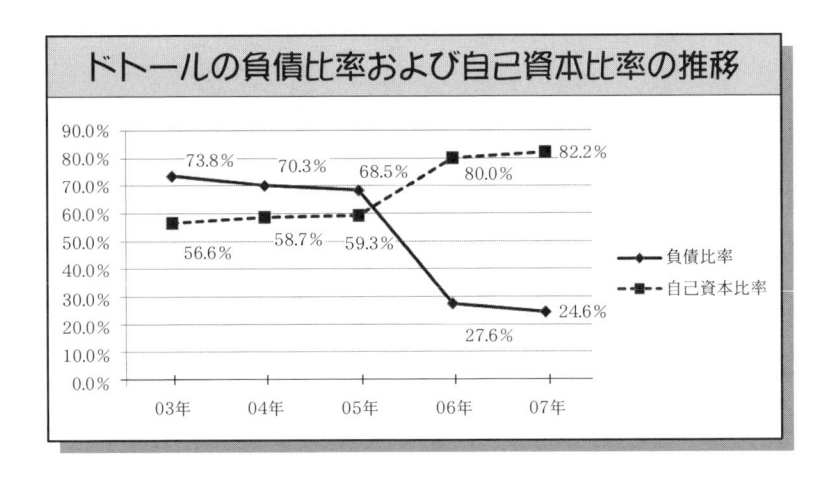

ドトールの負債比率および自己資本比率の推移

年	負債比率	自己資本比率
03年	73.8%	56.6%
04年	70.3%	58.7%
05年	68.5%	59.3%
06年	27.6%	80.0%
07年	24.6%	82.2%

負債比率と**自己資本比率**は，相関関係にあります。2006年3月期より負債比率と自己資本比率が飛躍的に改善しています。実数を見ますと，2005年3月期に219億9,270万円だった負債が2006年には127億2,700万円に減少し，自己資本が320億300万円から444億4,300万円に増加しています。自己資本の充実ぶりが見て取れます。

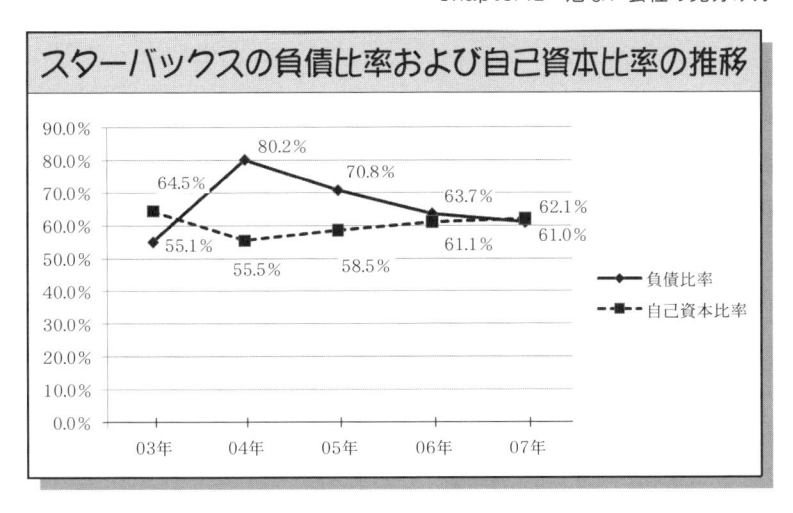

Chapter12 危ない会社の見分け方

スターバックスの負債比率および自己資本比率の推移

年	負債比率	自己資本比率
03年	64.5%	55.1%
04年	80.2%	55.5%
05年	70.8%	58.5%
06年	63.7%	61.1%
07年	62.1%	61.0%

　負債比率も自己資本比率も60％台ですので，指標として悪くありません。2004年3月期に著しく悪化した後，次第に改善しています。

　それにしても，**ドトール**の負債比率と自己資本比率が良すぎるので，それほど悪くない**スターバックス**の負債比率と自己資本比率がかすんで見えます。

　ところで，わが国の大部分を占める中小企業は，その経営資金を証券市場により調達する道は閉ざされており，銀行などからの借入れに依存せざるを得ない状況にあります。その際に経営者が個人保証を求められ，株式会社でありながら有限責任のメリットを受けられないという状況を生み出しています。

　中小企業の場合，**中小企業庁『中小企業の財務指標』**（平成17年度版）によれば，業種別の負債比率および自己資本比率は，次のとおりです。

業種別の負債比率および自己資本比率

	負債比率	自己資本比率
建設業	381.7%	14.3%
製造業	396.1%	15.9%
情報通信業	313.9%	22.2%
運輸業	495.4%	14.2%
卸売業	490.1%	14.6%
小売業	511.6%	7.4%
不動産業	671.2%	13.0%
飲食宿泊業	603.9%	1.9%
サービス業	354.7%	17.4%

　中小企業の場合，証券市場で資金を調達する条件がないので，事業経営が借入金などの負債に依存していることがわかります。上場会社の自己資本比率の平均が35%から40%であることを考えると，中小企業の自己資本比率は非常に低いことがわかります。これは，中小企業の借入金依存度の高さを示しています。

CHAPTER 13

会社は借金を返す力があるか

1 貸借対照表のしくみはどうなっているか
2 流動比率と当座比率で短期支払能力を見る
3 ドトールとスターバックスを比べる
4 固定比率と固定長期適合率で長期支払能力を見る
5 ドトールとスターバックスを比べる

1　貸借対照表のしくみはどうなっているか

支払能力を示す分析指標には，短期支払能力を明らかにする**流動比率**，**当座比率**および**手元流動性比率**，長期資金の調達とバランスを示す長期支払能力を明らかにする**固定比率**および**固定長期適合率**があります。

これらの指標の基になる貸借対照表のしくみは，次のとおりです。

貸借対照表				
資産の部	流動資産	当座資産	流動負債	負債の部
		棚卸資産		
		その他の流動資産	固定負債	
	固定資産	有形固定資産		純資産の部
		無形固定資産	株主資本	
		投資その他の資産	評価・換算差額等	
	繰延資産		新株予約権	

　貸借対照表は，資産の部，負債の部および純資産の部に大きく分類されます。さらに，資産の部は，流動資産，固定資産および繰延資産に区分され，固定資産は有形固定資産，無形固定資産および投資その他の資産に区分されます。負債の部は，流動負債および固定負債に区分されます。純資産の部は，株主資本，評価・換算差額等および新株予約権に区分されます（前述のように，連結貸借対照表では非支配株主持分が含まれます）。

　貸借対照表は，資産（流動資産＋固定資産＋繰延資産）＝負債（流動負債＋固定負債）＋純資産の等式で表すことができます。

流動資産（負債）と固定資産（負債）の分類基準には，**ワン・イヤー・ルール（1年基準）**と**営業循環基準**があります。ワン・イヤー・ルールでは，1年以内に現金が入って来たりまた出て行くものを流動資産（負債）とします。営業循環基準では，仕入れ→販売の過程にある資産および負債についてワン・イヤー・ルールにとらわれずに流動資産（負債）や固定資産として区分するのです。貸付金や預金はワン・イヤー・ルールにより流動資産または固定資産（投資その他の資産）になりますが，売掛金や商品は営業循環基準により流動資産となります。また，借入金はワン・イヤー・ルールにより流動負債または固定負債になりますが，買掛金は営業循環基準により流動負債となります。

貸借対照表の配列法には，**流動性配列法**と**固定性配列法**があります。流動性配列法は，資産項目について流動資産→固定資産→繰延資産，負債項目について流動負債→固定負債の順に配列する方法で，一般事業会社に適用されます。固定性配列法は，資産項目について固定資産→流動資産→繰延資産，負債項目について固定負債→流動負債の順に配列する方法で，固定資産の比重の高い電力会社などに適用されます。

流動資産は短期に現金化や費用化する資産で，**当座資産**，**棚卸資産**および**その他の流動資産**に分類されます。**当座資産**は，現金と同等の資産および現金に換金される可能性の高い資産を言います。これには，現金・預金，売上債権（売掛金・受取手形）および有価証券があります。**棚卸資産**の代表的なものは，商品です。**その他の流動資産**には，未収金，短期貸付金および前払費用があります。なお，売上債権や貸付金からは貸倒引当金を控除します。

固定資産は，事業への使用資産および回収期限が1年を超える資産からなり，**有形固定資産**，**無形固定資産**および**投資その他の資産**に分類さ

れます。

　有形固定資産は長期間にわたり利用する有形の資産で，時の経過により使用価値が減価する建物，備品および車両運搬具などの減価償却資産，土地などの非減価償却資産があります。無形固定資産は，商標権などの法律上の権利やのれんなどの経済上の権利があります。投資その他の資産は，長期貸付金や長期性預金などです。

　繰延資産には，創立費，開業費，社債発行費，開発費などがあります。これらは，費用処理が原則ですが，例外的に資産に計上し数年にわたり費用化することが認められています。上場会社の貸借対照表を調べてみると，繰延資産を計上している事例はほとんど見当たりません。費用で一括処理できるのに資産として計上するのは，費用計上の先送りとなり，その会社にとって好ましい評価を得られない可能性があります。

　流動負債には仕入債務（買掛金・支払手形）や短期借入金，**固定負債**には長期借入金や社債があります。

　純資産は，**CHAPTER12**で詳述しましたので省きます。

　これで貸借対照表のしくみが大体理解できたでしょうから，次に支払能力を示す個々の分析指標について見ていきます。

2　流動比率と当座比率で短期支払能力を見る

　流動比率は，**短期の支払能力**を示します。1年以内に換金できる流動資産が1年以内に支払期限が来る流動負債より多いほうが望ましいのは当然です。つまり，100％あれば支払能力に問題はありません。ただし，

Chapter13　会社は借金を返す力があるか

流動資産のうち棚卸資産は換金できるかどうか微妙ですので，この比率が100％では十分とは言えません。わが国の目標値は150％，欧米だと200％くらいだと言われています。算式は，次のとおりです。

$$流動比率 = \frac{流動資産}{流動負債} \times 100(\%)$$

流動比率は，業種によって異なりますので，単純に異業種の企業を比較することはできません。上場会社の業種ごとの平均流動比率は，**三菱総合研究所『企業経営の分析』**（平成18年度版）によれば，次のとおりです。

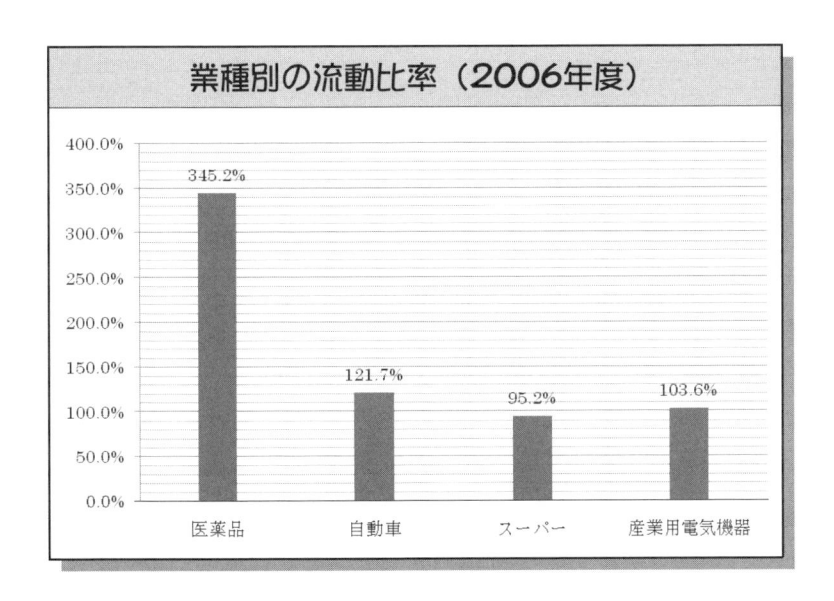

業種別の流動比率（2006年度）

業種	流動比率
医薬品	345.2%
自動車	121.7%
スーパー	95.2%
産業用電気機器	103.6%

これによれば，業種によって流動比率が異なることがわかります。したがって，次のように，**武田薬品工業，トヨタ自動車，イオン，日立製作所**の流動比率を単純に比較して，その優劣を判断することはできませ

ん。つまり，武田薬品は338.4％でトヨタ自動車は150.8％ですが，武田薬品がトヨタ自動車よりも優れているとは即断できないということです。

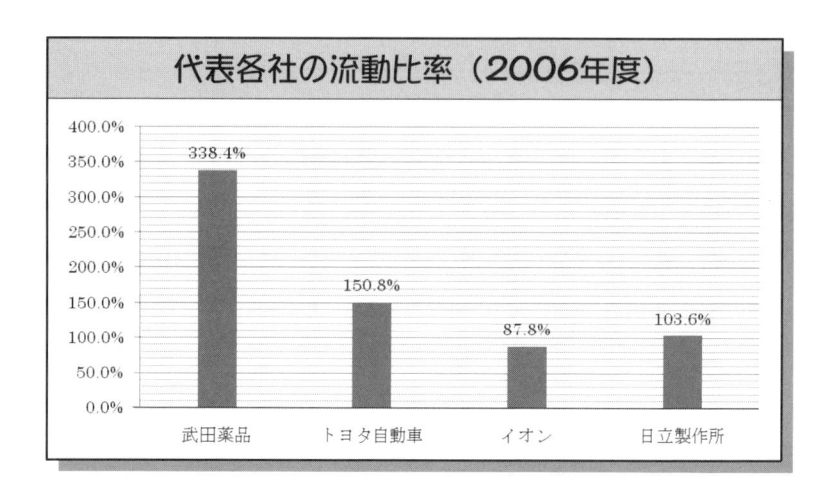

代表各社の流動比率（2006年度）

- 武田薬品: 338.4%
- トヨタ自動車: 150.8%
- イオン: 87.8%
- 日立製作所: 103.6%

そこで，同業種のトヨタ自動車，ホンダおよび日産自動車の流動比率を比較してみると，その優劣が判断できます。

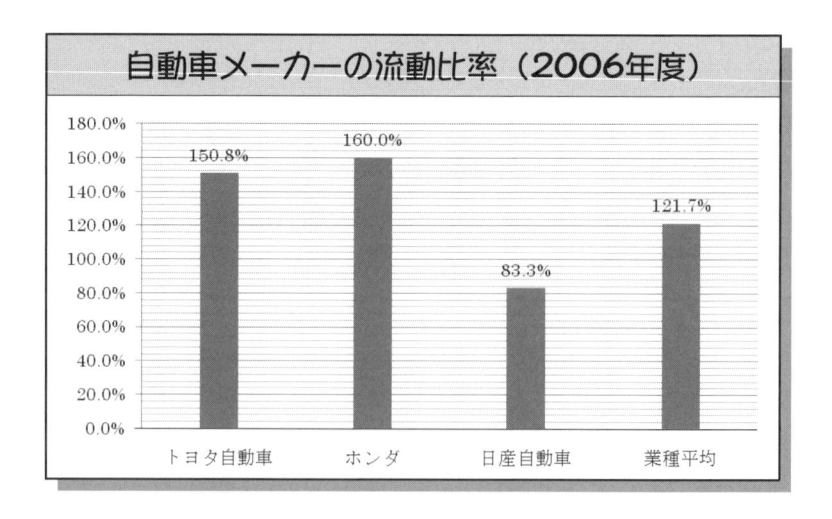

自動車メーカーの流動比率（2006年度）

- トヨタ自動車: 150.8%
- ホンダ: 160.0%
- 日産自動車: 83.3%
- 業種平均: 121.7%

これにより，**日産自動車**は業界平均より悪いのに対して，**トヨタ自動車**と**ホンダ**は業界平均より良いことがわかります。

流動比率を改善するためには，遊休固定資産を処分し現金化するか短期借入金から長期借入金へ借り換える必要があります。

当座比率は，**酸性比率**とも言われ，100％以上が望ましいとされます。流動比率の分子の流動資産が当座資産に代わります。当座資産には，棚卸資産が含まれません。棚卸資産は，売れるかどうかわかりませんので，現金が入ってこない可能性があります。そこで，短期の支払能力を表す流動比率を補完するものとして，当座比率を求めるのです。算式は，次のとおりです。

$$当座比率 = \frac{当座資産}{流動負債} \times 100(\%)$$

なお，分子の当座資産には，1年以内に現金が入るその他の流動資産の中の未収金や短期貸付金を含めることができます。

当座比率は，業種によって異なりますので，単純に異業種の会社を比較することはできません。業種ごとの平均当座比率は，**三菱総合研究所『企業経営の分析』**（平成18年度版）によれば，次のとおりです。

業種別当座比率（2006年度）

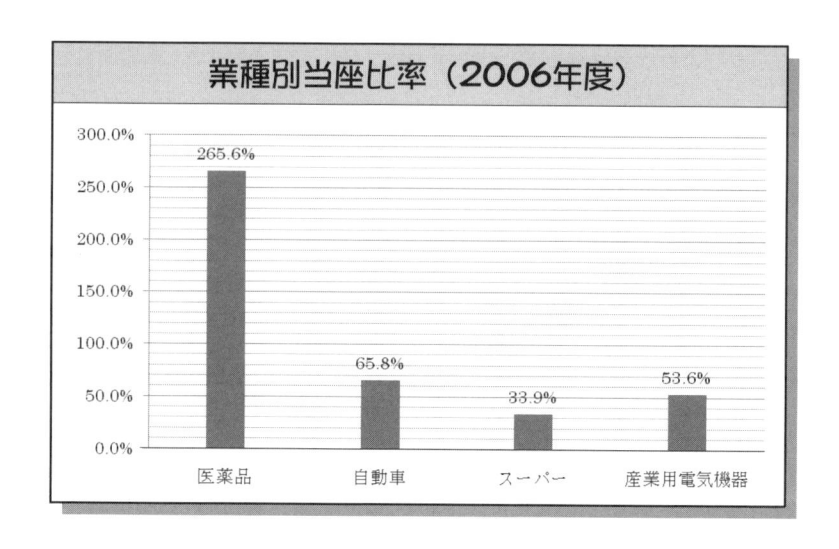

業種	当座比率
医薬品	265.6%
自動車	65.8%
スーパー	33.9%
産業用電気機器	53.6%

　これによれば，業種によって当座比率が異なることがわかります。したがって，次のように，**武田薬品，トヨタ自動車，イオン，日立製作所**の流動比率を単純に比較して，その優劣を判断することはできません。ただし，流動比率と比べると**武田薬品**と他の会社の格差が拡大しています。これには，棚卸資産の存在が大きく係わっています。

Chapter13　会社は借金を返す力があるか

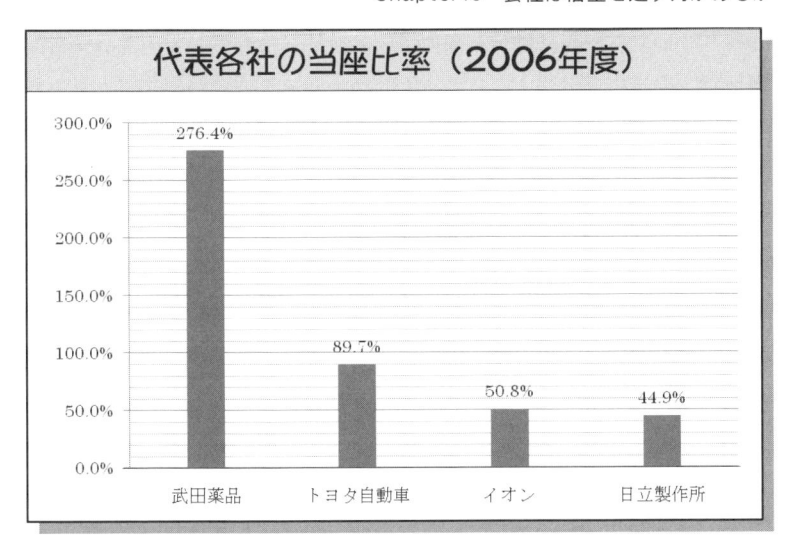

代表各社の当座比率（2006年度）

- 武田薬品: 276.4%
- トヨタ自動車: 89.7%
- イオン: 50.8%
- 日立製作所: 44.9%

そこで，同業種の**トヨタ自動車**，**ホンダ**および**日産自動車**の当座比率を比較してみると，その優劣が判断できます。

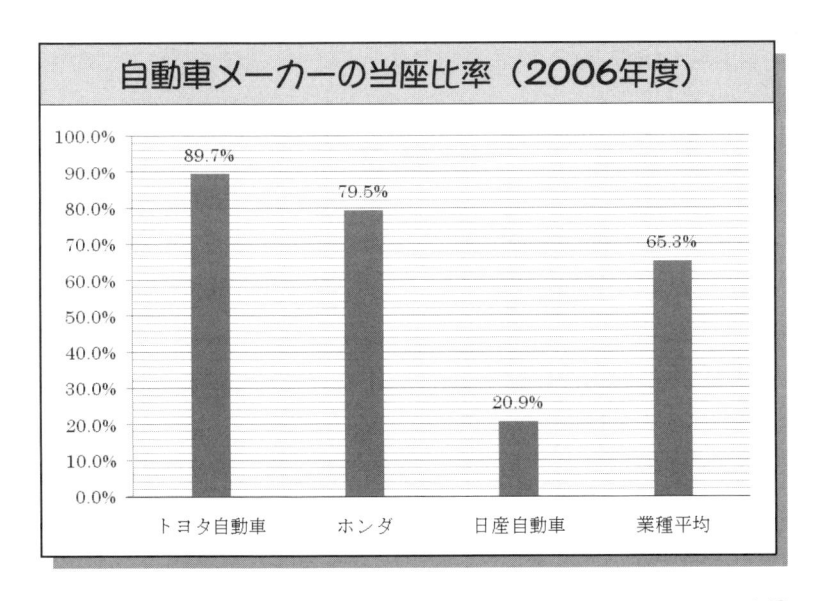

自動車メーカーの当座比率（2006年度）

- トヨタ自動車: 89.7%
- ホンダ: 79.5%
- 日産自動車: 20.9%
- 業種平均: 65.3%

これにより，**日産自動車**は業界平均より悪いのに対して，**トヨタ自動車**と**ホンダ**は業界平均より良いことがわかります。それにしても，**日産自動車**の当座比率の悪さが目につきます。

日産自動車の比率の低さ，とくに流動比率と当座比率の格差が目立ちます。

当座比率を改善するためには，不良在庫の処分や在庫管理の徹底が求められます。

3　ドトールとスターバックスを比べる

ドトールの2003年3月期から2007年3月期の流動比率と当座比率の推移を見ましょう。決算短信から数値を拾いました。ただし，**ドトール**は連結の数値ですが，**スターバックス**は非連結の数値です。当座資産は，現金預金，売上債権および有価証券としました。

ドトールの流動比率および当座比率は，次のとおりです。

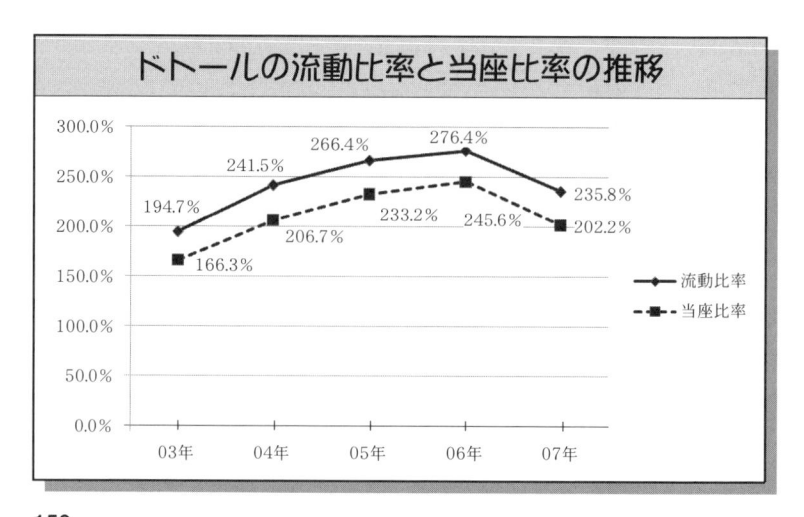

ドトールの流動比率と当座比率の推移

年	流動比率	当座比率
03年	194.7%	166.3%
04年	241.5%	206.7%
05年	266.4%	233.2%
06年	276.4%	245.6%
07年	235.8%	202.2%

Chapter13　会社は借金を返す力があるか

わが国では流動比率は，160％あれば問題ないと言われている中，200％を超えているのは称賛に値します。2007年3月期に少し落ち込んでいますが，それでも235.8％ですから問題ないでしょう。当座比率の高さも目につきます。流動比率と連動していることから，棚卸資産の在庫管理も上手くいっているものと推測できます。

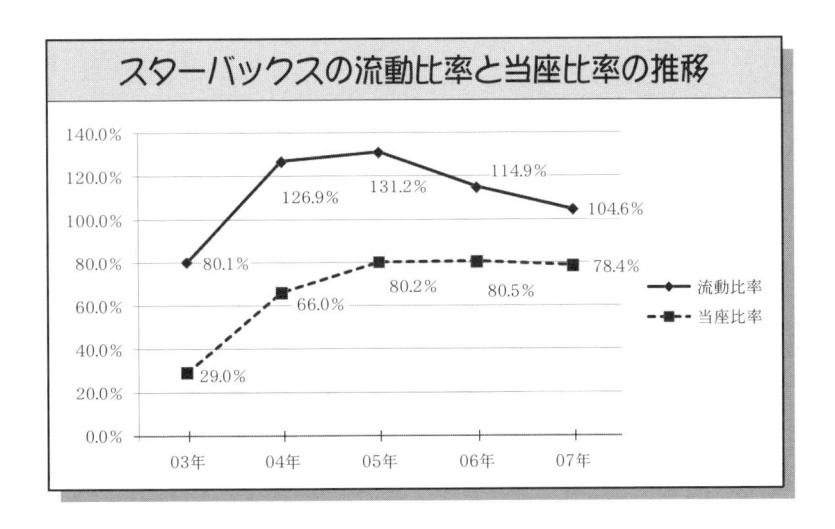

スターバックスの流動比率および当座比率は，次のとおりです。

スターバックスの流動比率と当座比率の推移

年	流動比率	当座比率
03年	80.1%	29.0%
04年	126.9%	66.0%
05年	131.2%	80.2%
06年	114.9%	80.5%
07年	104.6%	78.4%

流動比率も当座比率も**ドトール**に比べると見劣りがします。とくに，流動比率と当座比率の格差に注意してください。流動比率と当座比率の格差の原因は，棚卸資産にあります。そこで，在庫管理が十分かどうか検討する必要があります。ただ，2006年3月期と2007年3月期には，流動比率と当座比率の差が縮小しているのは評価できます。

中小企業の場合，**中小企業庁『中小企業の財務指標』**（平成17年度版）によれば，業種別の流動比率と当座比率は，次のとおりです。

中小企業の業種別流動比率・当座比率

	流 動 比 率	当 座 比 率
建　　設　　業	142.3%	99.6%
製　　造　　業	145.6%	104.9%
情　報　通　信　業	191.5%	156.5%
運　　輸　　業	130.8%	107.0%
卸　　売　　業	140.1%	97.7%
小　　売　　業	126.3%	64.7%
不　　動　　産　　業	88.3%	39.6%
飲　食　宿　泊　業	65.8%	39.7%
サ　ー　ビ　ス　業	148.0%	110.1%

　不動産業と飲食宿泊業の流動比率と当座比率は，他業種に比べて低いですね。小売業の流動比率と当座比率の格差も目立ちます。業種によって棚卸資産の割合の大きさが窺われます。

　この他，短期支払能力を表すものとして手元流動性があります。これは，短期の資金繰りの状況を示します。この指標として**手元流動性比率**があります。これは，手元流動性を月次売上高で除算して求めます。算式は，次のとおりです。

$$手元流動性比率 = \frac{手元流動性}{売上高 \div 12} \times 100(\%)$$

　手元流動性は，現金預金＋売買目的有価証券です。**手元流動性比率**が高いということは，債務返済に必要な資金が確保されており望ましい状況ですが，高すぎると資金が効率的に運用されていない可能性があります。

4　固定比率と固定長期適合率で長期支払能力を見る

長期支払能力を表すのは**固定比率**です。この比率は，設備投資に対する長期資金の調達の割合を示します。設備投資は，返済の必要のない自己資本の範囲内で行うのが望ましいとされます。この範囲内であれば，設備投資に見合う収益を上げることができず失敗しても，資金を返済しなくてもよいので，致命傷にはなりません。この比率が100％を超えると赤信号です。算式は，次のとおりです。

$$固定比率 = \frac{固定資産}{自己資本} \times 100 (\%)$$

固定比率は，業種によって異なりますので，単純に異業種の企業を比較することはできません。業種ごとの平均固定比率は，**三菱総合研究所**『**企業経営の分析**』（平成18年度版）によれば，次のとおりです。

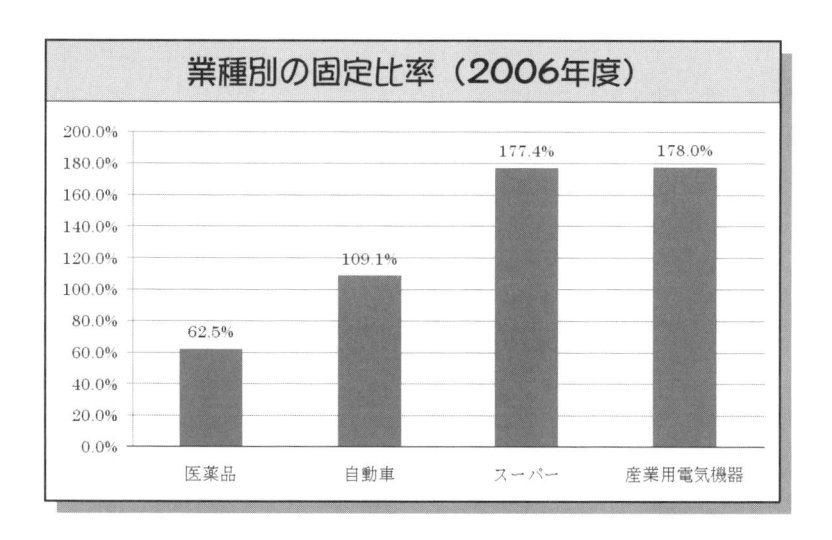

業種別の固定比率（2006年度）

業種	固定比率
医薬品	62.5%
自動車	109.1%
スーパー	177.4%
産業用電気機器	178.0%

ここでも，医薬品の良さが目立ちます。だからと言って，他の業種が医薬品に比べて劣るとは即断できません。ついでに，各業種の代表的な会社の固定比率を見てみましょう。

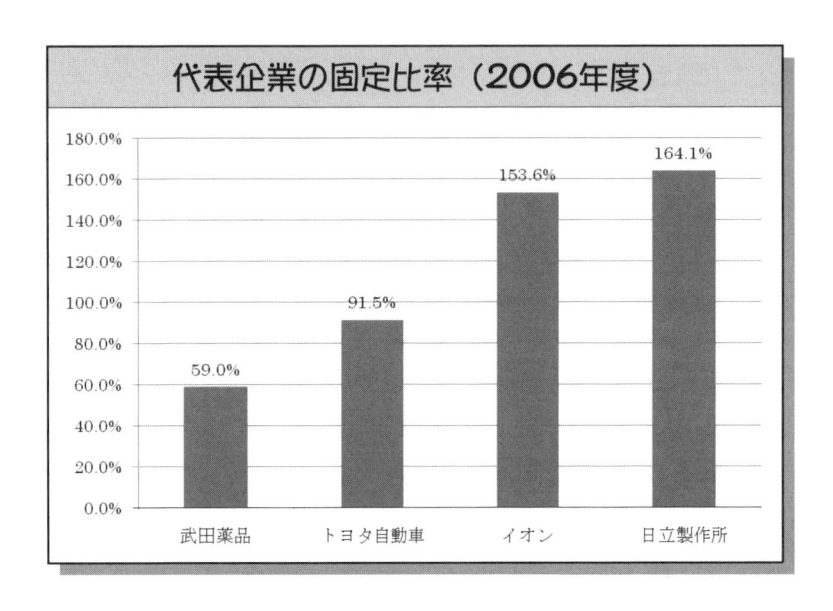

代表企業の固定比率（2006年度）

会社	固定比率
武田薬品	59.0%
トヨタ自動車	91.5%
イオン	153.6%
日立製作所	164.1%

　各業種の代表的な会社だけあって，各業種の平均固定比率に比べると，非常に良い状況にあります。そこで，例のごとく，同業種の**トヨタ自動車**，**ホンダ**および**日産自動車**を比較して見ると，次のようになります。

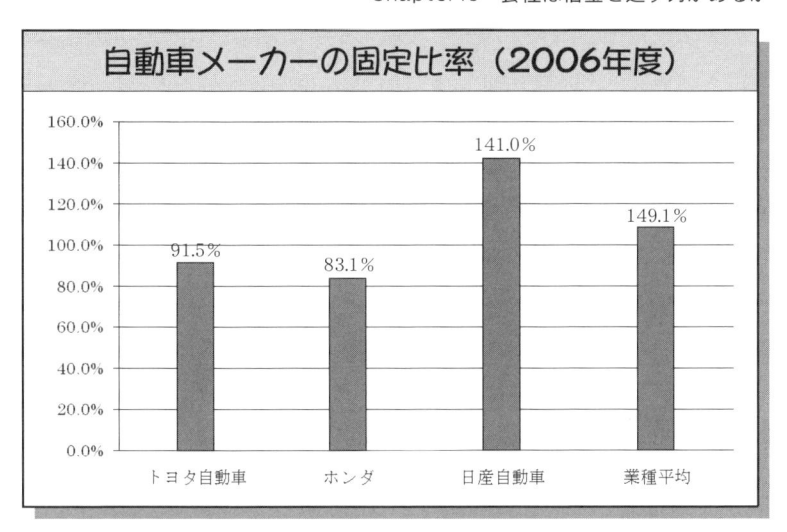

自動車メーカーの固定比率（2006年度）

- トヨタ自動車: 91.5%
- ホンダ: 83.1%
- 日産自動車: 141.0%
- 業種平均: 149.1%

　トヨタ自動車と**ホンダ**は設備投資を自己資本の範囲内で賄っていますが，**日産自動車**は自己資本をオーバーして設備投資を行っていることがわかります。不景気になり消費が冷え込んで自動車の販売が伸び悩み収益力が落ちると，支払利息が利益の足を引っ張ることになりそうです。

　しかし，自己資本をオーバーする負債の内容により，状況は変わります。**固定長期適合率**は，分母の自己資本に固定負債を加算して算出します。この比率は，固定比率の補完機能を果たします。固定負債は返済期間が長期にわたるので，投資の回収が長期間にわたる固定資産の資金源と考えられないでしょうか。

　ただし，この比率が100％を超えると，資金の調達を流動負債より賄うことになり，不測の事態が生じた場合，過大投資が表面化し，資金繰りに窮することになり，最悪の場合には倒産に到ります。算式は，次のとおりです。

$$固定長期適合率 = \frac{固定資産}{自己資本 + 固定負債} \times 100(\%)$$

固定長期適合率は，業種によって異なりますので，単純に異業種の企業を比較することはできません。業種ごとの平均固定長期適合率は，**三菱総合研究所『企業経営の分析』**（平成18年度版）によれば，次のとおりです。

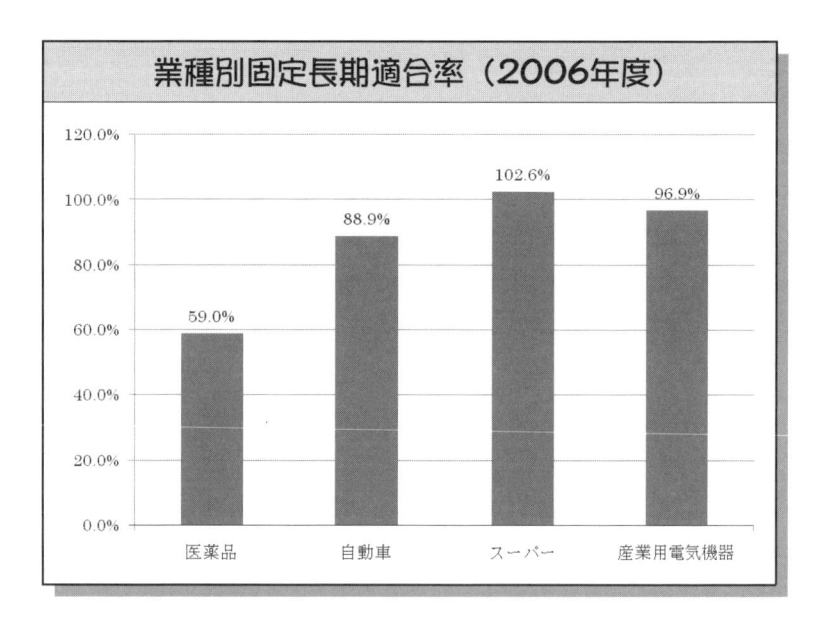

業種別固定長期適合率（2006年度）

- 医薬品: 59.0%
- 自動車: 88.9%
- スーパー: 102.6%
- 産業用電気機器: 96.9%

このグラフから，医薬品以外の業種が医薬品に比べて劣るとは即断できないのは，固定比率の場合と同じです。これは，次の業種の代表的な会社の固定長期適合率を見てもわかります。

Chapter13 会社は借金を返す力があるか

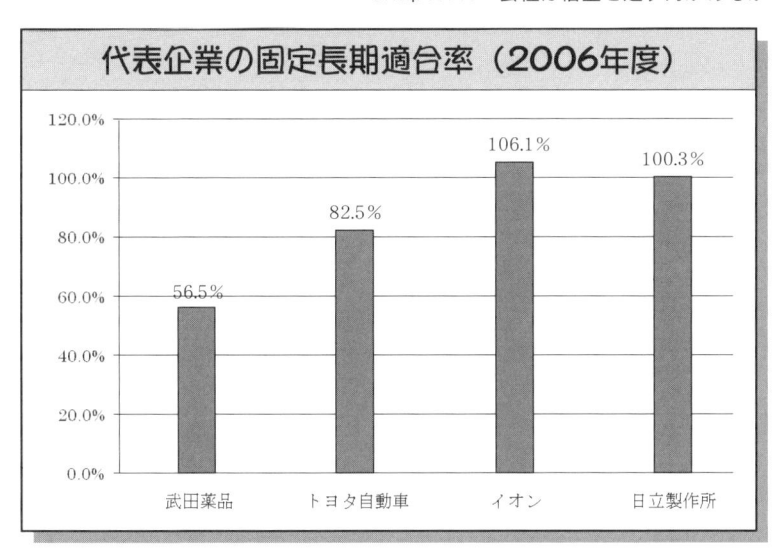

代表企業の固定長期適合率（2006年度）

- 武田薬品: 56.5%
- トヨタ自動車: 82.5%
- イオン: 106.1%
- 日立製作所: 100.3%

　固定長期適合率について，**イオン**と**日立製作所**は業種平均を上回っており，逆に，**武田薬品**と**トヨタ自動車**は，業種平均を下回っています。これは，自己資本比率の高さと関連します。**武田薬品**と**トヨタ自動車**は，旺盛な設備投資を自己資本で賄えるほど自己資本が充実していると考えることができます。

　それでは，例のごとく同業種の**トヨタ自動車**，**ホンダ**および**日産自動車**を比較してみましょう。

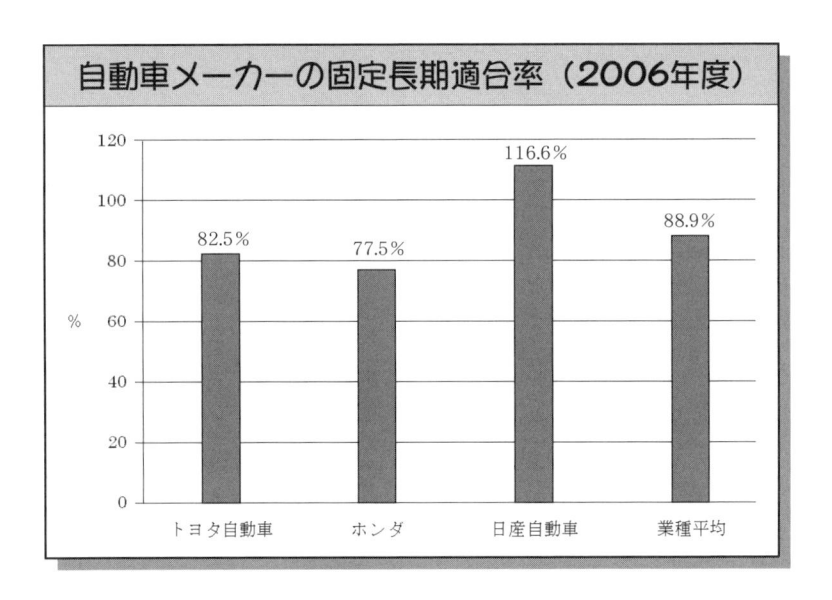

自動車メーカーの固定長期適合率（2006年度）

	トヨタ自動車	ホンダ	日産自動車	業種平均
%	82.5%	77.5%	116.6%	88.9%

　やっぱり，**トヨタ自動車**や**ホンダ**に比べて**日産自動車**の比率の高さが目立ちます。

　固定比率や固定長期適合率の改善のためには，遊休設備の処分，増資などによる自己資本の充実および短期借入金から長期借入金への借り換えが必要です。

5　ドトールとスターバックスを比べる

　ドトールの2003年3月期から2007年3月期の固定比率と固定長期適合率の推移を見ましょう。決算短信から数値を拾いました。ただし，**ドトール**は連結の数値ですが，**スターバックス**は非連結の数値です。

　ドトールの固定比率および固定長期適合率は，次のとおりです。

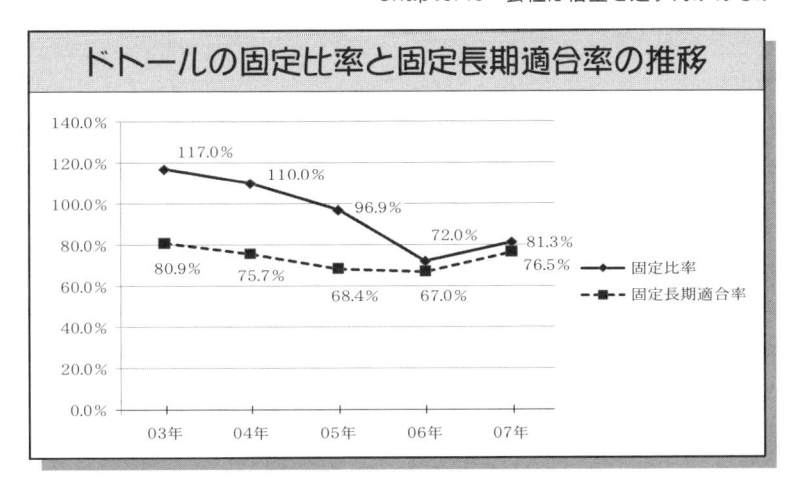

Chapter13 会社は借金を返す力があるか

ドトールの固定比率と固定長期適合率の推移

年	固定比率	固定長期適合率
03年	117.0%	80.9%
04年	110.0%	75.7%
05年	96.9%	68.4%
06年	72.0%	67.0%
07年	81.3%	76.5%

　固定比率は徐々に改善して100％を切っています。理想的ですね。2007年3月期は少々増加していますが，それでも81.3％です。固定比率と固定長期適合率の推移は，負債比率および自己資本比率で見たように，固定負債の減少や自己資本の充実が大きく貢献しているのがわかります。

　スターバックスの固定比率および固定長期適合率は，次のとおりです。

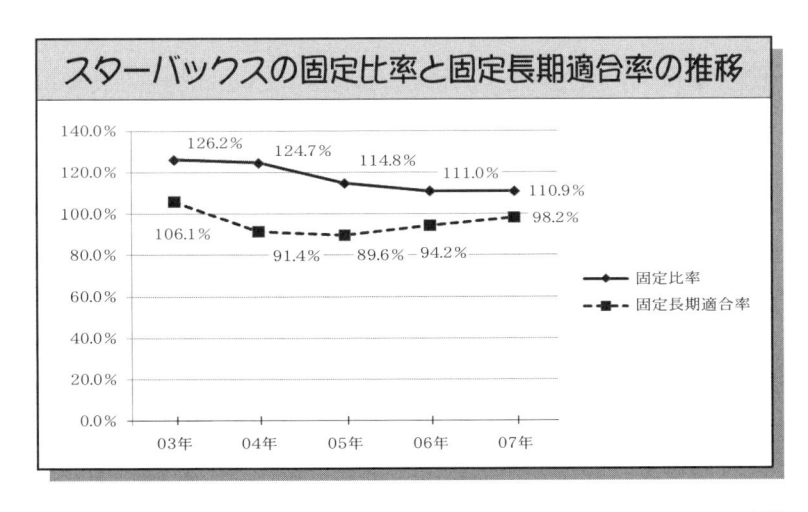

スターバックスの固定比率と固定長期適合率の推移

年	固定比率	固定長期適合率
03年	126.2%	106.1%
04年	124.7%	91.4%
05年	114.8%	89.6%
06年	111.0%	94.2%
07年	110.9%	98.2%

固定比率も固定長期適合率も悪くありません。堅実な設備投資が行われていることが窺われます。ただ，**ドトール**と比べると見劣りがしますが，それは**ドトール**が良すぎるのであって，**スターバックス**の状況を悪いと判断することはできません。

　中小企業の場合，**中小企業庁『中小企業の財務指標』**（平成17年度版）によれば，業種別の固定比率と固定長期適合率は，次のとおりです。

中小企業の業種別固定比率と固定長期適合率

	固 定 比 率	固定長期適合率
建　　設　　業	138.3%	59.1%
製　　造　　業	199.7%	70.2%
情　報　通　信　業	82.9%	39.4%
運　　輸　　業	280.2%	79.9%
卸　　売　　業	140.3%	56.1%
小　　売　　業	220.2%	70.2%
不　動　産　業	323.2%	84.3%
飲　食　宿　泊　業	463.9%	101.6%
サ　ー　ビ　ス　業	175.5%	67.7%

　中小企業の場合，情報通信業を除いて，設備投資のための資金を自己資本でなく，銀行からの長期借入金などの固定負債に依存していることが推測できます。

CHAPTER 14

資金繰りはうまく
いっているか

1 満席にさせないテクニック
2 資金とは何か
3 どのような資金情報が必要か
4 カレンダーを利用した資金繰り
5 実績の資金表と見積もりの資金表
6 見積損益計算書と見積資金繰表
7 1部制の資金繰表
8 3部制の資金繰表
9 資金繰りはボクシング

1　満席にさせないテクニック

　どこの家にも，トイレは1か所，風呂も1つしかないのが普通です。しかし，家族が4人とか5人なら，トイレも風呂も2つか3つあったほうが便利ですね。朝の忙しいときに，トイレに先客がいてはイライラしますし，一日の終わりに入る風呂は，できれば誰にも邪魔されず，のんびり入りたいものです。しかし，そうはいっても，どこの家でも，1つのトイレ，1つの風呂で「やりくり」しているのです。

　私がよく行くスキー場のホテルでも，食堂の席は客の数よりはるかに少な目です。客が一度に食事にきたら，座れない客がでるはずですが，席が空くのを待っている客を見たことはありません。客が自分の都合のよい時間に食事するということもありますが，ホテル側も，客の食事時間があまり長くならないように，料理を出すタイミングなどを工夫しているのです。満席にならないように「**やりくり**」しているのです。

　都会では**時差通勤**というものがあります。仕事の始まる時間を事業所ごとに少し変えて，朝のラッシュを緩和しようというのです。しかし多くの事業所がそろって始業時間を30分早めたら，効果はありません。早める会社と遅くする会社があってラッシュが緩和されるのです。いわば，**人の流れの「やりくり」**です。

　お金の出し入れも同じです。お金は入ってくるだけではありません。出てゆくことのほうが多いものです。そこで，**「入」の範囲内で「出」をコントロール（やりくり）すること**が大切になります。

　もちろん，「入」よりも「出」が多くなることもあります。そうした場合には，その差（出し入れの差）を補うためにどこからか借りてくる

とか定期預金を解約するなどの対策が必要になります。こうしたお金の「入」と「出」を，金額的にもタイミング的にも，バランスが取れるようにコントロールすることを**資金繰り**といいます。

2 資金とは何か

「**お金**」とは，ふつう，**現金**を指しますが，**普通預金**や**当座預金**のように自由に引き出すことができる預金（これを**要求払預金**といいます）も，いつでもお金に換えられる預金ですから，お金に含めてもよいでしょう。「あの家は金持ちだ」という場合の「お金」はもっと範囲が広くて，持っている土地・建物，株なども含まれるようです。

本章で取り上げるのは，狭い意味の「お金」です。なぜなら，「入」と「出」をコントロールする必要があるのは，**即時の支払手段となるお金**，つまり，**現金・預金**だからです。専門的には，「**現金資金**」と呼んでいます。

企業経営や会計の世界では，次に紹介しますように，いろいろな意味の資金概念が使われてきましたが，いずれも，**支払手段として使える資産**とはどこからどこまでかを考えたものです。その中でも，「**現金資金**」はもっとも範囲の狭い概念だといえます。

資金の概念
① 「運転資金」＝貸借対照表の「流動資産」の合計額。
② 「正味運転資金」＝流動資産の合計から流動負債の合計を差し引いた金額。
③ 「当座資金」＝現金・預金，売上債権，市場性ある一時所有の有価証券などの「当座資産」の金額。
④ 「正味当座資金」＝上の「当座資金」から流動負債を差し引いた金額。
⑤ 「支払資金」＝「当座資金」から有価証券，短期借入金などの財務項目を差し引いた金額。
⑥ 「現金資金」＝現金と普通預金・当座預金などの要求払預金の合計額。定期預金などの貯蓄性預金を含まない。

3　どのような資金情報が必要か

　ところで，資金を分析する目的は，資金のやりくり，**資金繰り**にあります。では，どうすれば資金繰りをうまくできるでしょうか。また，資金繰りの楽な会社と資金繰りに苦しんでいる会社をどうやって見分けることができるでしょうか。

　資金繰りは将来の話です。現在所有している資金に将来入金する資金を加えて，それで将来の支払いを賄えればよいのです。そうだとすれば，必要な情報は**現在の資金の有り高などに関する情報**と**将来の資金の予定（予想）に関する情報**だということになります。

　現在の資金の有り高は**貸借対照表**から読み取れます。将来の資金の予

定(予想)についても,上場会社などの大規模会社の場合は,**有価証券報告書**に概要(次期の中間期の資金計画)が記載されています。

　将来の資金の動きを知るには,現在情報と将来情報があれば十分でしょうか。将来情報は不確実性を伴うものであり,「予定は未定にして決定にあらず」などといったあそび言葉もあるくらいですから,将来情報の確実性を判断する材料が欲しいところです。

　「**歴史に学ぶ**」といいます。過去のことを学ぶことの意味は,それ(歴史)が将来を照らし出す力をもっているからです。将来情報の確実性とか信頼性を判断する好材料は,過去情報といってよいでしょう。資金に関する将来の計画も,どの程度信頼でき,どの程度の確実性をもっているかは,**過去における資金の実績**をみればよいのです。

　考えてみますと,企業の将来の収益性を判断するときは,過去の実績を分析して,当期が資本利益率何%であったから次期もこれくらいであろう,といった判断をするはずです。そこでは将来情報はほとんど使われません。将来情報がなくても信頼できる過去の情報があれば,ある程度まで正確に将来を判断できるのです。それほど「**歴史は雄弁**」なのです。

　もちろん,過去の情報,現在の情報,将来の情報がすべて揃っていればベストです。こうした情報が揃えば,その企業の資金収支の状況だけでなく,**流動性**,**財務適応力**,**資金調達力**,**外部資金の必要度**,**配当支払力**なども判断できると考えられています。以下,過去の情報と現在の情報はかなり詳しく,将来の情報は概要がわかるものとして話を進めます。

4　カレンダーを利用した資金繰り

　今月の収入は100万円，支出は90万円と予想されるとき，月単位で見ると資金が10万円残る計算になります。ところが，支出が月初めに集中し収入は月末に集中していれば，月初めに資金不足が生じてしまうでしょう。収支のタイミングが合わないと，資金があまったり**ショート(不足)**してしまったりします。

　事業規模が小さければ，収入と支出の金額とタイミングをカレンダーの上に記入してみるだけで，資金の動きと過不足が簡単に読み取れるのです。次頁の図表は，1か月を単位とした**カレンダー式資金繰表**とでも呼ぶべきものです。

Chapter14 資金繰りはうまくいっているか

カレンダー式資金繰表

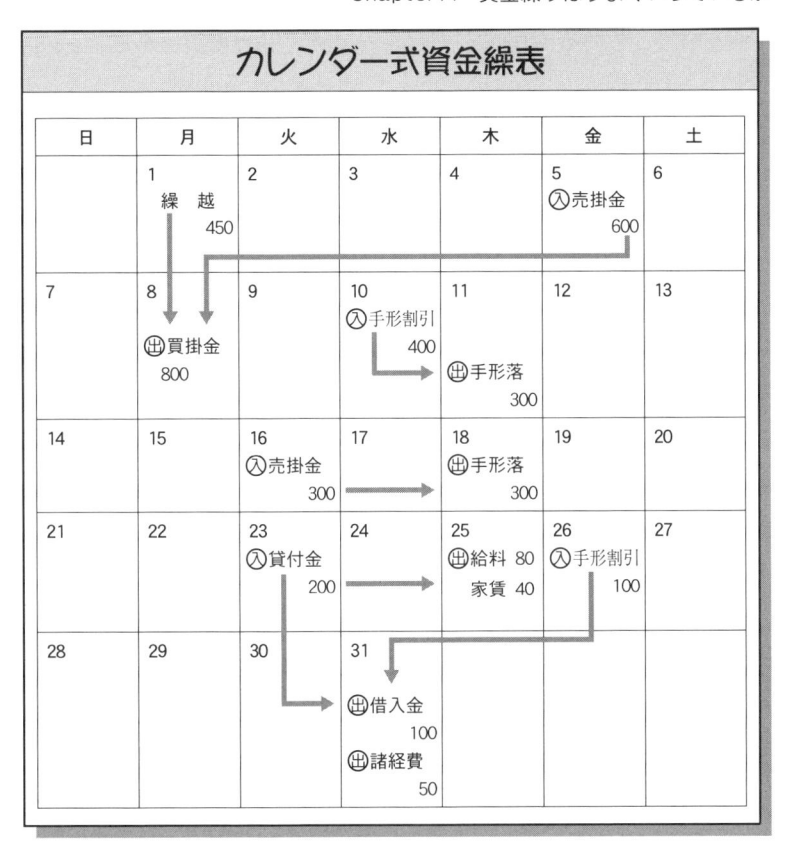

日	月	火	水	木	金	土
	1 繰　越 450	2	3	4	5 ㊅売掛金 600	6
7	8 ㊲買掛金 800	9	10 ㊅手形割引 400	11 ㊲手形落 300	12	13
14	15	16 ㊅売掛金 300	17	18 ㊲手形落 300	19	20
21	22	23 ㊅貸付金 200	24	25 ㊲給料 80 家賃 40	26 ㊅手形割引 100	27
28	29	30	31 ㊲借入金 100 ㊲諸経費 50			

5　実績の資金表と見積もりの資金表

　資金繰りは，収入と支出をコントロールすることですが，そのためには，いろいろな種類の**資金表（資金計算書）**を利用します。

　資金表には，**実績を表示する資金表**と**見積もりの資金表**があります。上に紹介したカレンダー式の資金繰表は見積もりの資金表に属するものです。

資金表は，収支の把握の仕方によって，次のような種類があります。

資金表の種類

「**資金運用表**」＝当期と前期の貸借対照表項目を比べてみると，項目ごとに増減があります。この増減は，資金の流入（資金の源泉）か資金の流出（資金の運用）に当たるので，これらを分類整理して一覧表示したものを資金運用表といいます。主に，実績を表示する資金表として作成されます。

「**資金移動表**」＝これを作成するには，直接法と間接法という2つの方法があります。いずれの方法でも，資金運用表と違い，損益（計算書）のデータも利用します。たとえば，当期の売上げによる収入は，「当期の売上高マイナス売上債権増加額」として計算します。この資金表も，実績を表す資金表として作成されることが多いようです。

「**資 金 繰 表**」＝現金資金を①前月繰越金，②収入，③支出，④次月繰越金のように4区分（6区分する方法もある）して表示する資金表です。この資金表は実績表としても見積もりによる計画表としても作成されます。

このようにたくさんの資金表が考案されていますが，最近では，アメリカ，イギリスをはじめ，わが国でも，資金としては「キャッシュ」つまり現金・預金に限定した計算書が作成されるようになってきました。そこで作成される資金表を「**キャッシュ・フロー計算書**」とか「**キャッシュ・フロー表**」と呼んでいます。以下では，主に，キャッシュを重視した「資金繰表」について述べることにし，キャッシュ・フロー計算書については次章で紹介します。

なお，わが国の企業は，英米の企業と違って有価証券などの金融資産への投資が盛んに行われているため，現金・預金に加えて一時所有の市場性ある有価証券も「キャッシュ」に含めて資金繰りを考える必要があります。このことについては後で詳しく述べます。

しかし，有価証券は現金預金と違って，たとえ市場（証券取引所）があっても，いつでも現金化できるわけではないし，また，現金化しうる額も不安定です。わが国の企業が公表する資金収支の実績表をみる場合には，そうした点を注意する必要があるでしょう。

資金繰表には決まった様式というものはありません。その企業にあったものであれば，カレンダーに直接書き込んだものでも，後で紹介する，**1部制の資金繰表**とか**3部制の資金繰表**でもよいのです。要は，①資金の動きがよくわかって，②将来の対策が立てやすいものであれば形式を問わないのです。

6　見積損益計算書と見積資金繰表

見積もりによる次期の損益計算書と資金繰表を作成したところ，次頁の図表のようになったとしましょう。

損益計算書と資金繰表

見積損益計算書（万円）

売 上 高	3,600
売 上 原 価	2,400
売上総利益	1,200
販 管 費	900
（内，減価償却費 100)	
経 常 利 益	300
税　　　金	150
税引後利益	150

見積資金繰表（万円）

前 期 繰 越		400
収入	売 上 げ 収 入	3,000
	計	3,000
支出	仕 入 れ 支 出	2,600
	諸　　経　　費	800
	設 備 投 資	200
	計	3,600
収 支 過 不 足		△ 600
次 期 繰 越		△ 200

　今期の見積もりによる税引後利益は150万円です。しかし，資金繰表を見ますと，前期繰越の資金が400万円あったにも関わらず，次期繰越はマイナス200万円となっています。損益計算書と資金繰表を比べながら，その原因を探ってみましょう。

▷売上高と売上げ収入の差

　損益計算書の売上高は3,600万円ですが，資金繰表を見ますと売上げ収入は3,000万円です。差額の600万円は，掛け売りのために資金が回収されていないと予想されます。これが資金を減少させる原因となっているのです。売上げはすべて現金収入を伴うものとして扱われていますので，売掛金が増加すると，同じ額だけ資金が減少するものとして計算されるのです。

Chapter14　資金繰りはうまくいっているか

▷売上原価と仕入れ支出

　損益計算書の売上原価は2,400万円，資金繰表の仕入れ支出は2,600万円です。2,600万円分の商品を仕入れ，2,400万円分を売ったのですから，200万円は在庫が増加したものと考えられます。これも資金の減少になります。

▷減価償却費

　損益計算書の販管費は900万円で，資金繰表の諸経費の支出は800万円です。費用として900万円計上されながら支出は800万円ということは，現金の支出を伴わない費用が100万円あることになります。損益計算書の販管費に内書きとして減価償却費100万円が記載されています。減価償却費が計上された分は現金の支出を伴いませんので，その額だけ資金が増加するものとして計算するのです。

▷税　　金

　経常利益は税金を払う前の（税引前）金額ですが，税金は当期中には支払わなくてもよいとして，見積もりの資金繰表では支出項目にあげていません。そこで,経常利益300万円を全額資金の増加要因とみています。

▷設 備 投 資

　期中に設備投資の計画があり，200万円を支出する予定です。この投資は減価償却されるまでは費用化（資金回収）されないので，全額資金の減少となります。

　以上の検討をまとめたのが次の表です。期間としてみると資金は600万円減少します。前期からの繰越資金400万円を充当しても，200万円不足します。この資金不足額をどうやって埋めるか，それを考えるのが資金繰りです。売掛金の回収を早める，仕入れを抑える，期中に予定して

171

いる設備投資を延期する,新たな資金を調達する,いろいろな手が考えられるでしょう。

資金の増加と減少

(単位：万円)

資金の減少要因	
(1) 売掛金の増加	600
(2) 在庫の増加	200
(3) 設備投資	200
計	1,000
資金の増加要因	
(1) 経常利益	300
(2) 減価償却費	100
計	400
資金の不足	600

7　1部制の資金繰表

1部制の資金繰表は，次頁の図表にみるように，収入と支出を網羅的に対照表示するものです。

基本構造としては，①前月繰越，②当期収入，③当期支出，④次月繰越，の4区分とし，収入と支出は，売上げ入金，手形割引，借入れ，雑収入などの収入と，仕入れ支払い，販管費支払い，設備投資，借入金返済，雑支出などの支出に細分します。

資金繰表は，資金繰りに役立てるために作成されるものですから，過

去の月は**実績値**で記入し，将来については**見積もり値**を記入します。たとえば，7月以降の資金繰りを検討するときは，4月から6月までは実績値を，7月以降は見積もり値を記入するのです。過去の実績は将来の見積もりの基礎になるという意味で非常に役に立ちますので，これを参考にして将来の資金繰りを考えるのです。

1部制の資金繰表

科目			4月	5月	6月	7月	8月
前月繰越							
収入	売上げ	現金売上げ					
		売掛金回収					
		受取手形入金					
	手形割引						
	借入金						
	雑収入						
	計						
支出	仕入れ	現金仕入れ					
		買掛金支払い					
		支払手形決済					
	販売費・管理費						
	支払利息						
	設備投資						
	借入金返済						
	雑支出						
	計						
次月繰越							

8　3部制の資金繰表

　上に紹介した1部制の資金繰表は，収入も支出も発生原因別に分類されていないため，資金繰りが苦しくなってきても，その原因を把握しにくいという欠点があります。

　そうした欠点を補うには，**収入と支出をその発生源泉別に分類**して，発生源泉を同じくする収支を対応させる必要があります。次に紹介する**3部制の資金繰表**はそうした対応表示の工夫が加えられています。

　3部制の資金繰表は，すべての収入・支出を次のように3つに区分して対照表示します。

①　経常収支

　経常収支は，主たる営業活動（本業）に関係する収入・支出と，営業外活動（主に財務活動）のうち資金調達活動の収支（借入れとその返済・増資）を除いたもの（主に，利息・配当金の受取りと支払い）をいいます。

　収入としては，売上げ収入と営業外収益の収入（財テクの収入）があり，支出としては，商品代価，原材料代価，販管費の支払い，営業外費用（財テクの支出）があります。

②　設備等の収支

　設備等の収支は，①にも入らず③にも入らない収支をいいます。収入としては，固定資産の売却代金や有価証券の売却代金などがあり，支出としては，固定資産の取得にかかる代金，有価証券の取得代金，税金・配当金・役員賞与などの支払いがあります。

③　金融関係の収支

　これには資金調達活動の収支が含まれ，収入としては，借入れ，社債の発行，手形割引，増資などによる収入があり，支出としては，借入金の返済，社債の償還，減資などによる支出があります。

　次に，3部制の資金繰表を例示しておきます。

3部制の資金繰表

科目			4月	5月	6月	7月	8月	9月
前月繰越(A)								
経常収支	収入	現金売上げ						
		売掛金回収						
		受手期日回収						
		雑収入						
		合計(B)						
	支出	現金仕入れ						
		買掛金支払い						
		支手決済						
		販管費支払い						
		利息支払い						
		雑支出						
		合計(C)						
	差引(D)=(B)−(C)							
設備等の収支	収入	有価証券売却 …………						
		合計(E)						
	支出	機械購入 …………						
		合計(F)						
	差引(G)=(E)−(F)							
金融収支	収入	借入れ						
		手形割引 …………						
		合計(H)						
	支出	借入金返済						
		社債償還 …………						
		合計(I)						
	差引(J)=(H)−(I)							
収支残合計(K) =(D)+(G)+(J)								
次月繰越 (L)=(A)+(K)								

9 資金繰りはボクシング

　ところで上に紹介した3部制（この名称は便宜的に付けられたもので，資金繰表自体に決まった形がないことから正式な名称もありません）の資金繰表では，資金として「現金預金」，つまり，保有する現金と要求払いの預金を想定しています。ところが，わが国の企業においては，余裕資金（余資）を有価証券（とくに上場株式）によって運用することが一般化しています。上場会社（銀行・証券を除く）1社平均で100億円，全社で20兆円もの有価証券を短期所有しているのです。資金繰りにおける有価証券の役割はきわめて大きいといえるでしょう。

　これまで紹介した資金繰表は，有価証券は売却されてはじめて資金収入として扱うものでした。しかし，わが国企業の資金繰り・資金運用を見ますと，短期所有の上場証券は資金繰りのかなめの1つです。一時所有の有価証券は「**資金のたまり**」ともいうべきものです。そこで，現金預金だけでなく，有価証券をも含めた資金概念の資金繰表が必要になるのです。

　従来，わが国の「**有価証券報告書**」に記載されていた資金表は，そうした資金概念を採用していました。しかし，会計ビッグバンによって導入された「キャッシュ・フロー計算書」では，株式などは価格変動リスクが大きいとして資金（キャッシュ）の範囲から除かれています。

　導入されたキャッシュ・フロー計算書は，そうした点で，わが国の実状を十分に反映したものとはなっていません。わが国の場合，株式などの有価証券が「余裕資金のたまり」になっている以上，たとえば，キャッシュ・フロー計算書の欄外に，おおざっぱな時価情報を記載するなどの工夫が必要なのではないかと思われます。

この「キャッシュ・フロー計算書」については，章を改めてお話しします。

　本章では，資金繰表の概要を紹介しました。資金繰りは，企業の生命線です。しかも，たった1回の失敗が致命傷になるのです。よくいわれますように，**資金繰りはボクシングと同じで**，一度マットに沈んだらそれで終わりなのです。敗者復活戦などはありません。

　これに比べますと，本業のほうは，リーグ戦みたいなもので，一度くらい失敗しても失地回復のチャンスはいくらでもあります。本業では常勝軍でなくてもいいのですが，**資金繰りだけは連戦連勝**しなければ企業生命を失うのです。

CHAPTER 15

キャッシュ・フロー計算書

1 営業循環とキャッシュ・フロー計算書
2 キャッシュ・フローとは
3 直接法と間接法
4 3つのキャッシュ・フロー
5 キャッシュ残高を読む

1　営業循環とキャッシュ・フロー計算書

　営業活動に投下された資金は，最初は現金の形を取ります。この現金で商品や原材料を仕入れ，仕入れた商品や原材料を加工してできた製品を販売して改めて現金（現金になる前に売掛金や受取手形の形を取ることもある）を回収します。こうした「**投下した現金**」から「**回収される現金**」への資金の動きを「**営業循環**」といいます。

　この営業循環は，見方によっては，現金からスタートして現金に戻る「**資金循環**」でもあるのです。「**キャッシュ・フロー計算書**」は，この**資金循環における資金運動量を測定**したものです。

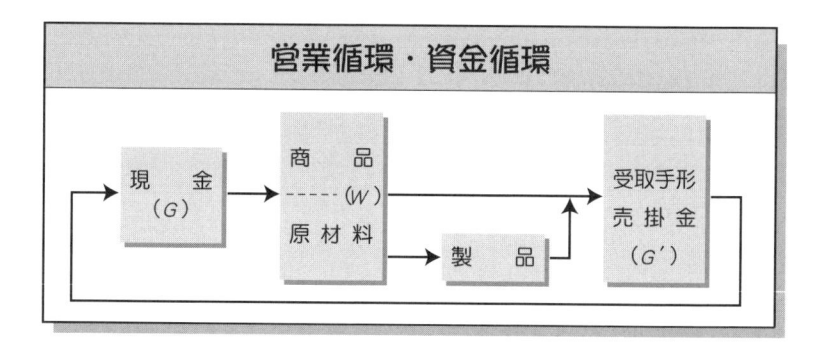

営業循環・資金循環

現金 (G) → 商品 (W)／原材料 → 製品 → 受取手形・売掛金 (G') → 現金

2　キャッシュ・フローとは

　キャッシュ・フローは，おおざっぱにいいますと，上の図の資金循環に入ってくるフローと現金に戻ってくるフローを**キャッシュ・インフロー**として把握し，資金循環から出ていくフローと現金が他の資産に変わるフローを**キャッシュ・アウトフロー**として把握するものです。企業を1つの大きな貯金箱として見たときの，貯金（現金）の出し入れをキャッシュ・フローというのです。

Chapter15　キャッシュ・フロー計算書

```
                    キャッシュの流れ

    ┌─────────┐    イン           アウト   ┌─────────┐
    │商品の売上げ│   フロー    企業の    フロー  │商品の仕入れ│
    │銀行からの │  ────→   貯金箱   ────→ │備品購入  │
    │借入れ    │                          │借入金返済 │
    └─────────┘                          └─────────┘
```

　１年間（または半年）のキャッシュ・インフローとアウトフローを，その種類別に分けて一覧表にしたのが，キャッシュ・フロー計算書です。

▷キャッシュ・フロー計算書の種類

　キャッシュ・フロー計算書には，次のような種類があります。

キャッシュ・フロー計算書の種類

連結財務諸表として作成される計算書
　① 　連結キャッシュ・フロー計算書
　② 　中間連結キャッシュ・フロー計算書

個別財務諸表として作成される計算書
　① 　キャッシュ・フロー計算書
　② 　中間キャッシュ・フロー計算書

　個別のキャッシュ・フロー計算書も連結キャッシュ・フロー計算書も，作り方は基本的に同じです。そこで，以下では，両者を合わせて，単に，キャッシュ・フロー計算書ということにします。

▷キャッシュには何が入るか

キャッシュの概念には,「**現金**」と「**現金同等物**」が入ります。この場合の「現金」には,①**手許現金**と②**要求払預金**が含まれます。ここで,要求払預金とは,普通預金,当座預金,通知預金のように,預金者がいつでも引き出せる預金をいいます。**定期預金**は満期が来ないと引き出せないため,現金には含めません。

▷現金同等物には何が入るか

「**現金同等物**」は,「容易に換金可能であり,かつ,価値の変動について僅少なリスクしか負わない短期投資」としての性格を持つ資産をいいます。株式のように価格変動リスクの大きいものは資金(キャッシュ)の範囲から除かれます。

資金(キャッシュ)の範囲(例示)

現　　　金＝①手許現金,②要求払預金(当座預金,普通預金,通知預金など)
現金同等物＝取得日から満期日(償還日)までが3か月以内の定期預金,譲渡性預金,コマーシャル・ペーパー,売戻し条件付き現先,公社債投資信託

会計基準では,現金同等物に何を含めるかを「経営者の判断」に委ねることにしています。経営者が「**容易に換金可能**」で「**価値変動が小さい短期投資**」と考えるものを資金(現金同等物)概念に含めてよいとするのです。

▷なぜ経営者の判断に委ねるのか

経営者の判断が入る余地を大きく認めるのは,1つには,上の例示に

Chapter15　キャッシュ・フロー計算書

示されるように，該当すると考えられる投資等が非常に多岐にわたり，個別の判断が必要なためです。もう1つは，キャッシュ・フロー計算書が次のような性格を持つからです。

　キャッシュ・フロー計算書は，財務諸表の1つとして作成されることになりましたが，貸借対照表や損益計算書と違って，財産の計算や損益の計算，あるいは，利益の分配（配当など）とは関係がありません。複式簿記のシステムからアウトプットされるものではないのです。あくまでも，**資金の流れに関する情報**を公開するために**会計データを寄せ集めて作った計算書**です。そのために，資金として何を含めようとも，利益が変わったり財産の有り高が変化することはありません。そこで，細かいルールを設けずに，各企業が資金（現金同等物）と考えるものを含めてもよいことにするのです。

▷キャッシュ・フローの源泉別分類

　キャッシュ・フロー計算書では，**資金の流れを企業活動の種類**に合わせて，次の3つに区分します。

キャッシュ・フローの種類
(1)　営業活動によるキャッシュ・フロー
(2)　投資活動によるキャッシュ・フロー
(3)　財務活動によるキャッシュ・フロー

(1)　**営業活動によるキャッシュ・フロー**

　ここで，営業活動によるキャッシュ・フローとは，主として，商品や製品を仕入れたり販売したりする取引（営業活動）に伴うキャッシュ・

フローです。営業活動に伴って取得した受取手形を銀行で割り引いた場合の収入もここに含まれます。

(2) 投資活動によるキャッシュ・フロー

　投資活動によるキャッシュ・フローは，機械装置や車両運搬具を購入したり売却したりしたときのキャッシュ・フローや，短期投資（現金同等物に含まれるものを除く）を取得したり売却したりしたときの資金フローをいいます。

(3) 財務活動によるキャッシュ・フロー

　財務活動によるキャッシュ・フローは，資金調達と返済によるキャッシュ・フローをいいます。具体的には，株式を発行したときの収入，自社株を取得したときの支出，社債の発行・償還や，借入金の増減による資金収支などです。

　「**投資活動**」と「**財務活動**」というのは，通常の事業会社にとっては，いずれも本業以外の活動です。損益計算書を作成するときに，「営業損益」を計算する区分と，営業損益に営業外損益を加減して「経常損益」を計算する区分がありました。キャッシュ・フロー計算書では，この「営業外（本業以外）」の活動を「投資活動」と「財務活動」に分けているのです。

　上で示したように，「**投資活動**」は，利子・配当・売却益が出るような資産への資金の投下で，「**財務活動**」は営業資金の調達とその返済に関わる活動をいいます。

Chapter15 キャッシュ・フロー計算書

収入	営業活動によるキャッシュ・フロー		支出
	商品・製品の販売による収入 利息・配当金の受取りによる収入	商品の仕入れによる支出 法人税等の支払いによる支出	
	投資活動によるキャッシュ・フロー		
	固定資産の売却による収入 有価証券の売却による収入 貸付金の回収による収入	固定資産の取得による支出 有価証券の取得による支出 貸し付けによる支出	
	財務活動によるキャッシュ・フロー		
	株式の発行による収入 社債の発行による収入 借入れによる収入	自己株式の取得による支出 社債の償還による支出 借入金の返済による支出 配当の支払いによる支出	

3 直接法と間接法

　キャッシュ・フロー計算書には，営業収入（売上高）からスタートする形式と税引き前当期純利益からスタートする形式があります。前者を**直接法**，後者を**間接法**といいます。

▷直接法と間接法のメリット

　直接法は，売上高からスタートするために，営業活動のキャッシュ・フローが総額で示されるというメリットがあり，間接法は，純利益と営業活動のキャッシュ・フローとの関係が明示されるというメリットがあります。いずれの方法で作成することも認められていますが，直接法は実務上手数がかかるということから，間接法によって作成する会社が多いようです。

間接法で作成したキャッシュ・フロー計算書のひな形（モデル）を示しておきます。－（マイナス）の記号がついているのは減少項目ということですが，必ずしもキャッシュ・アウトフローを意味していません。

間接法では当期純利益をスタート地点とします。当期純利益は発生主義に基づいて測定されたものですから，売上げの対価を現金で受け取っているかどうか，計上した費用を現金で支払い済みかどうかとは関係がありません。そこで，**収益のうち現金で回収していない部分**と**費用のうち現金で支払っていない部分**を調整する必要があります。

たとえば，営業活動によるキャッシュ・フローに「**減価償却費**」が入っているのは，これが**現金支出を伴わない費用**であるからです。**売掛金の増加がマイナス項目**なのは，当期の売上高よりも売掛金の増加分だけ**現金の回収が少ない**ということです。

商品（在庫）が増加するということは，次期以降に販売する商品を余分に仕入れ，その代金を支払ったということになります。在庫が減少すれば，逆に，仕入れる商品への支払いが減ったということになるのです。

買掛金が増加するというのは，当期の仕入れ代金を買掛金が増加した額だけ少なく支払っているということになり，買掛金が減少すれば，その逆になります。

キャッシュ・フロー計算書

Ⅰ	営業活動によるキャッシュ・フロー	
	税引き前当期純利益	300
	減価償却費	30
	有価証券売却損	20
	売掛金・受取手形の増加額	−60
	棚卸資産の減少額	40
	買掛金・支払手形の増加高	30
	小　計	360
	法人税等の支払額	−150
	営業活動によるキャッシュ・フロー	210
Ⅱ	投資活動によるキャッシュ・フロー	
	有価証券の売却による収入	200
	有形固定資産の取得による支出	−160
	投資活動によるキャッシュ・フロー	40
Ⅲ	財務活動によるキャッシュ・フロー	
	短期借入れによる収入	100
	社債の償還による支出	−80
	財務活動によるキャッシュ・フロー	20
Ⅳ	現金及び現金同等物の増加額	270
Ⅴ	現金及び現金同等物の期首残高	2,400
Ⅵ	現金及び現金同等物の期末残高	2,670

4　3つのキャッシュ・フロー

▷営業活動のキャッシュ・フロー

　キャッシュ・フローには，3つの種類があります。最も重要なのは，営業活動のキャッシュ・フローです。このキャッシュ・フローは，本業による資金収支の残高ですから，普通は**営業利益**に近い金額になります。

もしも，営業活動からのキャッシュ・フローが営業利益の額よりも大幅に小さいときは，在庫が増えたか，売上債権（売掛金や受取手形）が増加しているはずです。逆に，営業利益よりも大きい場合には，在庫が減少したり売掛金の回収が早まっているということです。

> 営業利益　＞　営業活動によるキャッシュ・フロー
> 　　主な原因：在庫の増加，売掛金の増加
>
> 営業利益　＜　営業活動によるキャッシュ・フロー
> 　　主な原因：在庫の減少，売掛金の減少

▷投資活動のキャッシュ・フロー

　わが国の場合，「投資活動によるキャッシュ・フロー」は，余裕資金（余資ともいう）の運用によるキャッシュ・フローという側面があります。英米の企業は，余裕資金が出たら配当や自社株買いなどを使って株主に返すのが普通ですが，日本の企業は，余裕資金が出たら他社の株などに投資して運用し，将来の資金需要や研究開発に備えます。

　この区分のキャッシュ・フロー総額がプラスになっているときは，**投資を引き上げている**ということであり，マイナスになっているときは，資金を**追加投下している**ことを表しています。

　プラスのときは**引き上げた資金を何に使っているか**を見ておく必要があり，マイナスのときは，**どこから手に入れた資金を投資しているか**を見ておく必要があります。いずれも，キャッシュ・フロー計算書をよく観察するとわかることです。

投資活動によるキャッシュ・フローが増加

主な原因：投資の回収
見るポイント：回収した資金のゆくえを見る

投資活動によるキャッシュ・フローが減少

主な原因：新規の投資か追加の投資
見るポイント：資金の出所を見る

▷財務活動のキャッシュ・フロー

「財務活動によるキャッシュ・フロー」は，総額でプラスになっていれば，それだけ純額で資金を調達したということを意味します。マイナスであれば，調達した資金を純額でそれだけ返済したということです。

　資金を返済したときは，その返済財源が何であったかを調べてみる必要があります。また，資金を調達したときは，その資金を何に使っているかを見てみる必要があります。これも，キャッシュ・フロー計算書をながめているとわかることです。

財務活動によるキャッシュ・フローが増加

主な原因：追加の資金を調達
見るポイント：資金を何に使ったか

財務活動によるキャッシュ・フローが減少

主な原因：資金を返済
見るポイント：何を財源として返済したか

キャッシュ・フロー計算書の末尾には，当期首のキャッシュ残高と期末のキャッシュ残高が示されています。キャッシュ残高は，きわめて流動性の高い「現金」と「現金同等物」の合計ですから，次期においてすぐに支払手段として使えるものです。

5　キャッシュ残高を読む

　期首の残高と比べて期末の残高が小さいときは，**支払能力が低下して**いることを意味し，残高が大きくなっているときは，**支払能力が増大**していることを意味しています。

　ただし，ここでいう「キャッシュ」は，すでに現金になっているか，おおむね3か月以内に現金に換わる資産のことですから，きわめて**短期的な支払能力**を見ていることになります。

　企業の経営分析では，「**流動比率**」とか「**当座比率**」が使われます。中期的な支払能力，あるいは，企業の正常な営業活動を前提にした支払能力を見るには流動比率がよく，即時の，あるいは，短期的な支払能力は当座比率を見るとよい，といわれています。**当座比率は「返済能力のリトマス試験紙」**です。

　では，これらの比率と，キャッシュ残高は，どのように使い分けたらよいのでしょうか。

▷**キャッシュ残高と流動比率の使い分け**
　流動比率と**当座比率**は，**比率**です。絶対額（金額）ではありません。**キャッシュ残高**は，比率ではなく，**絶対額**です。もしも，キャッシュ残高を使って比率を求めるのであれば，次のような計算をすればよいで

しょう。

$$3か月以内の支払能力 = \frac{キャッシュ残高}{流動負債} \times 100 (\%)$$

▷**日本の大企業は資金繰りでは倒産しない**

　キャッシュ・フロー計算書はアメリカで誕生したものです。それは，ある時期，アメリカの企業が資金繰りに失敗してバタバタと何万社も倒産したからです。

　損益計算書や貸借対照表では，会社の資金繰りがよいのかどうかまではわかりません。そこで，アメリカでは，資金繰りの状況を投資家に報告するために，キャッシュ・フロー計算書を作成するようになったのです。

　ところで，わが国の場合ですが，**資金繰りに失敗して倒産**するのは，決まって**中小企業**です。大手の企業は，資金繰りで倒産することはほとんどありません。

　最近になって倒産した企業を思い浮かべてみるとよいでしょう。大手の証券会社，大手の銀行・生保，大手の建設会社，どの例を取っても，資金繰りに失敗したわけではないのです。

　わが国の場合，大手の会社が倒産に至るのは，ほぼ間違いなく，**債務超過**が原因です。会社の純資産よりも負債のほうが大きくなって倒産するのです。

191

そうしたことを考えると，わが国の場合，**キャッシュ・フロー計算書（あるいは，資金繰表）が必要なのは，大企業ではなく，中小企業で**あろうと思われます。

今度の会計ビッグバンでは，大企業にキャッシュ・フロー計算書の作成が義務づけられましたが，これが1つの契機となって，中小企業でもキャッシュ・フロー計算書が活用されるようになることが期待されています。

CHAPTER 16

会社は社会に貢献しているか

1 給料を減らせば利益は増える
2 儲け過ぎに対する社会的批判
3 生産性とは何か
4 付加価値とは何か
5 付加価値の計算
6 減価償却費の扱い
7 付加価値は適正に配分されているか
8 付加価値の増減と企業成長の健全性

1 給料を減らせば利益は増える

　企業の利益というのは，収益（売上高や受取利息）から費用（売上原価や給料，販売費など）を差し引いて計算されます。**収益と費用との差額**なのです。したがって，**利益を大きくするには収益の側を伸ばすか費用のほうを減らす**ということになります。費用を削減する場合，企業努力によるコストダウンに成功したというのなら問題はありませんが，**給料をカット**したり**昇給を抑え**たりして費用の削減を図ったとしたらどうでしょうか。

　利益は差額として計算されるものですから，不合理・不適切な方法によって費用が削減されても，その削減分だけ利益は増えるのです。**減価償却費を過小に計上**したり，**貸倒れの見積もりを低く抑え**たり，**収益的支出**（たとえば修繕費の支出）を**資本的支出**（たとえば固定資産の購入）として処理したりすれば，たしかに計算上の費用は削減され利益の額は大きくなります。しかし，こうした方法で利益を増大しても，いずれ企業は**財政状態の悪化**を招くでしょう。

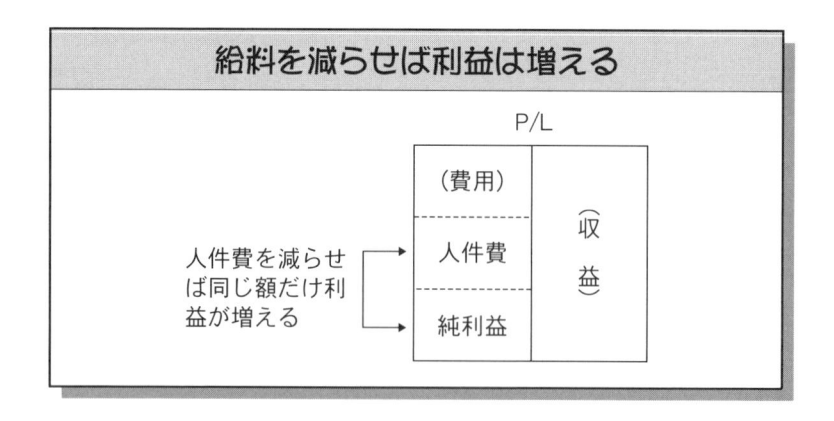

```
┌─────────────────────────────────────┐
│     給料を減らせば利益は増える          │
│                                     │
│                     P/L             │
│                  ┌────────┬───┐     │
│                  │ (費用) │   │     │
│                  ├────────┤収 │     │
│  人件費を減らせ →│ 人件費 │   │     │
│  ば同じ額だけ利  ├────────┤益 │     │
│  益が増える    →│ 純利益 │   │     │
│                  └────────┴───┘     │
└─────────────────────────────────────┘
```

　より問題なのは，利益の額を大きくしようとして，従業員（労働者）

の給与・賃金をカットしたり，昇給を不当に抑えたりした場合です。従業員（労働者）に適正な給与・賃金を支払わずに利益の大きさだけを追求するというのであれば，いずれ労働者の生産意欲や向上心を減退させることになり，ひいては消費者からも反感を買うことになります。

2 儲け過ぎに対する社会的批判

今や，企業がひたすら利潤の追求に走れる時代ではありません。電力会社やガス会社は，ひと昔前のオイル・ショック時の原油価格をベースに電気やガスの価格を決めてきましたが，そのため隠し切れないほどの利益が上がり，世間から猛烈な批判を浴びたこともあります。

ある大手自動車メーカーの社長は，儲け過ぎだとの批判に対し，儲けることによって多額の税金を支払っているのだから社会的責任は果たしている，と開き直ったことがありました。

税金をたくさん納めているということは，たしかに社会的な貢献の1つです。しかし企業の**社会的責任**というのは，**労働環境**や**給与**，**消費者に供給する商品やサービスの価格や質**，**アフターサービス**，**地域社会・国際社会への貢献**など様々な側面を持っています。税金の多少だけで社会的責任を論じるのは適切ではありません。

3 生産性とは何か

利益をいかに大きく計上しても，それが企業の能率によって裏打ちされたものでなければ長続きしません。いつかは労働者の勤労意欲を失わせるか，消費者の購買意欲を減退させ，結局，収益力の低下を招くことになります。真の収益力というものは，企業の能率によって裏打ちされ

たものをいうのです。

　ここで**企業の能率**というのは，**生産要素のインプットとアウトプットの関数**で，一般に**生産性**と呼ばれます。これと**資本利益率**を対比してみると両者の違いがよくわかります。

$$生産性 = \frac{アウトプット}{インプット} \qquad 資本利益率 = \frac{利益}{資本}$$

　生産性が高いとか低いというのは，生産活動にインプットされた生産要素の量に対し，アウトプットとして得られた生産物が多いか少ないことを指しています。つまり**生産の能率を生産性**と呼んでいます。

　ところが，この生産の能率は**資本利益率**では示すことができません。なぜなら，非常に高能率で生産が行われていても，**賃金も高水準であればその能率の良さは資本利益率には反映されない**からです。賃金をカットしたり低水準に抑えたりすれば，利益は増加し資本利益率は上昇しますが，生産性が向上したことにはならないのです。

　生産性を測定する場合，通常，インプットつまり生産要素としては，資本の投下による**生産設備**とその設備を動かす**労働力**を，またアウトプットとしてはその企業が独自に創出した価値，つまり**付加価値**を用います。生産設備と労働力の結合によってどれだけの大きさの付加価値を創出したか，これが生産性なのです。

$$生産性 = \frac{付加価値}{資本 + 労働力}$$

Chapter16 会社は社会に貢献しているか

このように生産性を測定するには資本（生産設備）の大きさ，従業員の人数，付加価値の額のデータが必要となります。

4　付加価値とは何か

　付加価値というのは，その企業が独自に創り出した価値，その企業の経営成果です。本書のはじめの方で紹介した話ですが，たとえば雪ダルマを3人で作ったとしましょう。Aさんは自分ひとりでバスケット・ボールくらいの雪ダルマにしてBさんに渡したとします。Bさんはさらにそれを大きくして直径1メートルほどにしてCさんに渡し，Cさんはさらに大きな雪ダルマにしたとします。この場合，A，B，C3人の付加価値は，それぞれが加えた雪の量です。

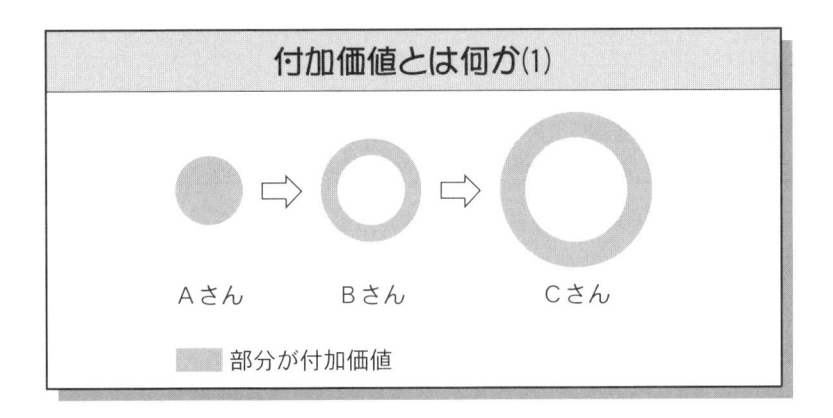

付加価値とは何か(1)

Aさん　　Bさん　　Cさん

■部分が付加価値

　もう少し現実的な話をします。Dさんは500円で仕入れた小麦粉でホットケーキを作り，1枚80円で10枚，合計800円で，喫茶店を営むEさんに売り渡し，Eさんはこれを客に1枚130円で提供したとしましょう。Dさんは800円の収入がありましたが，その全部がDさんの企業努力の成果ではありません。500円については小麦粉を作った人の努力の

成果であり，Ｄさんはこれに300円分の成果を積み上げたのです。これがＤさんの付加価値です。Ｅさんは1,300円の収入がありましたが，このうち800円は自分が努力したものではありません。したがってＥさんが創り出した価値は1,300－800＝500円です。

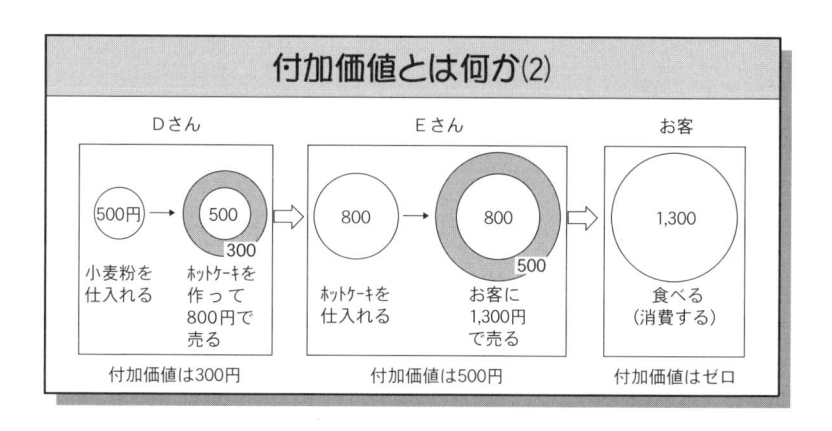

付加価値とは何か(2)

Ｄさん	Ｅさん	お客
500円 → 500 / 300 小麦粉を仕入れる → ホットケーキを作って800円で売る	800 → 800 / 500 ホットケーキを仕入れる → お客に1,300円で売る	1,300 食べる（消費する）
付加価値は300円	付加価値は500円	付加価値はゼロ

　このように付加価値の計算においては，原材料（商品売買業なら仕入原価）は他人が作ったものであり，自分の創出した価値の計算から除外されます。上の例において，Ｄさんがいくらの利益を上げたか，Ｅさんがどれだけ儲かったかは，ここではとりあえず問題となりません。あくまでも，その企業が自ら創造した価値の大きさだけが問題とされるのです。Ｄさんがひとりでホットケーキを焼き，Ｅさんがアルバイトを使って喫茶店を経営しているとしても，付加価値の額は変わらないのです。

（具体的な考え方）
　　付加価値＝売上高－仕入原価
　　付加価値＝生産高－原材料費

売上高に占める付加価値の割合を**付加価値率**といいます。100円の売上げの中に，自分の企業が創り出した価値が何円含まれているかを示す比率です。

$$付加価値率 = \frac{付加価値}{売上高} \times 100(\%)$$

5　付加価値の計算

付加価値を金額的に算出するには，企業の生産高（または売上高）から他企業から受け入れた生産物の消費額（材料費，光熱費，減価償却費など）を控除して計算する方法（**減算法**または**控除法**）と，付加価値自体（人件費，利子，地代，税金，利益など）を加算して求める方法（**加算法**または**集計法**）があります。

(1) 減　算　法

企業の生産高（または売上高）から，原材料費，外注加工費，光熱費，保険料などの他企業から提供を受けた財・用役の費消分を控除して計算します。

$$付加価値 = 生産高（または売上高） - （材料費 + 外注加工費 + 通信運搬費 + 消耗品費 + 光熱費 + 保険料 + 修繕費）$$

(2) 加　算　法

加算法は付加価値を構成する諸要素を加算して付加価値の額を求めます。

> 付加価値＝人件費＋利息割引料＋地代＋租税＋利益

　理論的には上の2つの計算法による結果は一致しますが，計算の確実性から実務上は**加算法**が使われることが多いようです（より詳しい計算式は後で紹介します）。

　上の式から分かるように付加価値の計算では人件費も利益も合算されます。したがって**人件費を削減して利益を大きくしたとしても，付加価値総額は変わりません**。人件費を手厚くした結果，利益が少なくなった企業も，利益を大きくしようとして人件費を削った企業も，付加価値の総額で見るとありのままの姿が現われてきます。

6　減価償却費の扱い

　付加価値を計算すれば，企業が1年間に資本（設備）と労働力（従業員）を結合することによって，どれだけの価値を創り出したかがわかります。付加価値を総額で見れば，給与水準の高い企業も低い企業も関係なく生産性の良し悪しとして捉えられます。

　ところが問題なのは**減価償却費**です。減価償却費は外部から購入した資産の費消部分を表すものですから，原材料などと同じく他の者が生み出した価値であり，付加価値を構成するものではありません。しかし減価償却の実務を見ると，企業により減価償却の方法が異なり，しかもその方法は企業の**決算政策**により変更されることもあります。**特別償却**や**有税償却**を実施して利益を圧縮している企業もあれば，利益が不十分なために**償却不足**を起こしている企業もあります。

減価償却は，このように企業の決算政策や利益政策の最も重要な手段とされることが多く，計上されている償却費が適正な水準のものでないことが少なくありません。

加えて，最近では設備をレンタルやリースによって調達する記帳が増えてきました。これらの企業は減価償却費を計上せず，**賃借料**が計上されます。賃借料は付加価値の構成要素とされ，償却費は付加価値を構成しないとすると，全く同じ経営をしたとしても，**リースを利用したかどうかにより計算される付加価値の額が異なる**ことになります。

そこで付加価値を計算する場合には，本来の付加価値（**純付加価値**という）に減価償却費を加えて，**粗付加価値**（償却費控除前の付加価値という意味）とすることが行われます。

減価償却費を通した会計操作の影響を付加価値の計算から除去するために減価償却実施前の形に直して付加価値を計算するのです（ただし，減価償却費を加え戻すだけで，それに伴う税金の修正は行わない。税金は実際の負担額が計上されているからです）。またこうすれば，リースを利用している企業と設備を直接購入している企業との間の比較障害も小さくなります。

7　付加価値は適正に配分されているか

粗付加価値の計算は統計書により若干の差異がありますが，次にその代表的なものを紹介します。

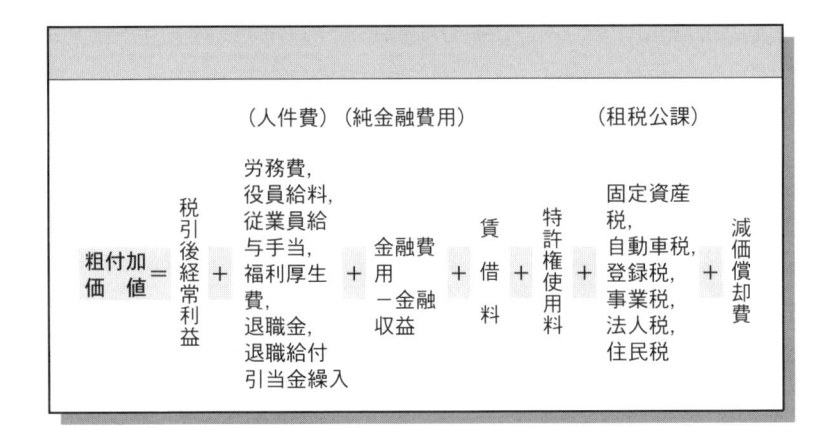

粗付加値 = 税引後経常利益 + 労務費, 役員給料, 従業員給与手当, 福利厚生費, 退職金, 退職給付引当金繰入（人件費） + 金融費用－金融収益（純金融費用） + 賃借料 + 特許権使用料 + 固定資産税, 自動車税, 登録税, 事業税, 法人税, 住民税（租税公課） + 減価償却費

上の計算式は**粗付加価値**を求めるために，付加価値の構成要素を集計するものですが，この算式は企業が生み出した価値を，誰に，いくら配分しているか，も示しています。

粗付加価値構成は少し見方を変えますと，**企業活動への参加形態別報酬**として把握できます。企業は人的・物的な集合体であり，株主だけでも，従業員だけでも，あるいは資本だけでも機能しません。

株主が資本を出し，不足の資金を金融機関が提供し，地主・家主が土地や建物を，特許権所持者がその使用権を，役員・従業員が専門知識や労働力を提供し，国家や地方自治体は営業や生産の許可を与えたり，政府としてのサービス（道路や港湾の建設，独占的営業の許可，不況期の財政的支援，交易上の便宜など）を提供して初めて企業は機能するのです。したがって，これらの人々や組織がそれぞれ独自の役割を持って，直接・間接に企業活動に参加しているということができます。

次の図は**付加価値構成**を，企業活動への**参加形態別報酬**として把握することができることを示したものです。

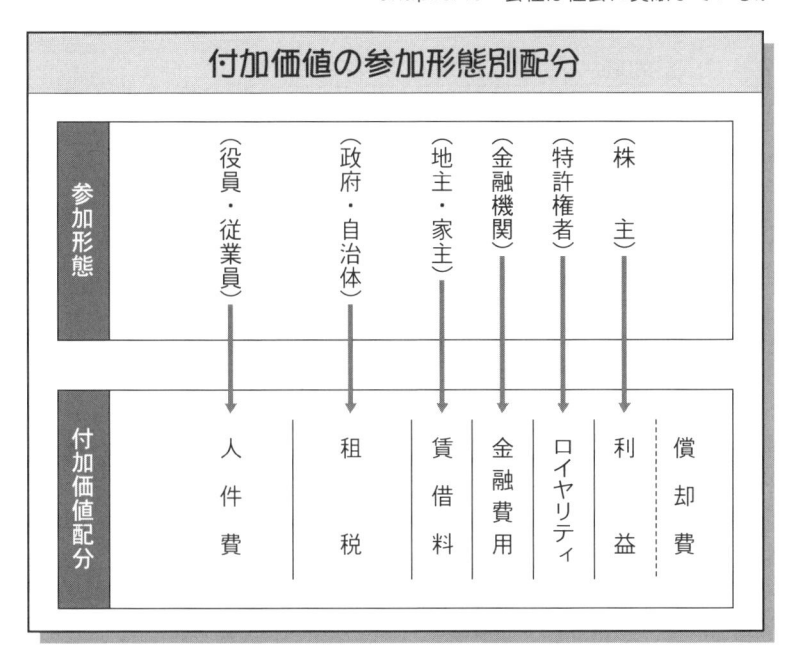

Chapter16 会社は社会に貢献しているか

付加価値の参加形態別配分

参加形態	（役員・従業員）	（政府・自治体）	（地主・家主）	（金融機関）	（特許権者）	（株主）	
付加価値配分	人件費	租税	賃借料	金融費用	ロイヤリティ	利益	償却費

ブリヂストンの場合，付加価値は次のように配分されています。

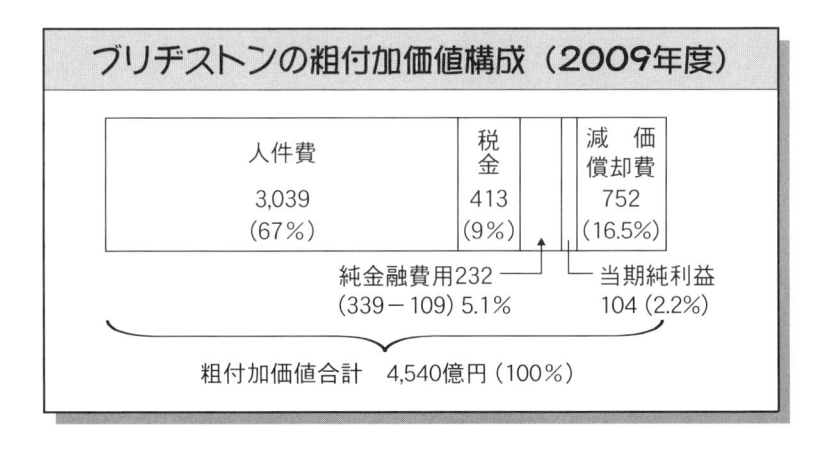

ブリヂストンの粗付加価値構成（2009年度）

人件費	税金	減価償却費
3,039	413	752
(67%)	(9%)	(16.5%)

純金融費用232　　　当期純利益
(339－109) 5.1%　　104 (2.2%)

粗付加価値合計　4,540億円（100%）

8　付加価値の増減と企業成長の健全性

　企業の成長・衰退を端的に表すのは，①売上高，②総資本，③経常利益，④従業員数，の増減でしょうが，すでに述べましたように，利益の額は企業の決算政策および給与・賃金政策によって大きく左右されます。そこで，③の経常利益の代わりに**粗付加価値**を使って，企業の成長または規模縮小の健全性を検討するグラフを考えてみます。

　売上げは急速に伸びているのに粗付加価値の伸びが鈍いとか，売上げは伸びていないのに総資本や従業員数が上昇している場合，スタッフを大幅に増員したにもかかわらず（人件費の増加以上には）付加価値額は増えなかったといった場合には，健全な成長を望めるかどうか疑問です。次のグラフは，企業の健全な成長と付加価値額の増加との関係を判断するためのものです。

　このグラフは使用するファクターの数によって，三角形でも，四角形でも，五角形でも作れますが，ここでは，ファクターを，①売上高，②総資本，③経常利益，④従業員数，⑤粗付加価値の5項目とし，次のような五角形のグラフを作ります。

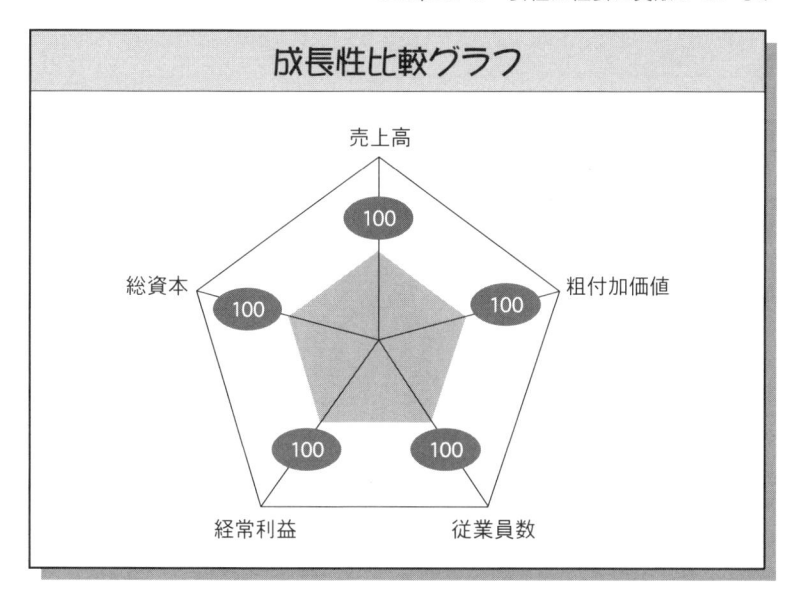

Chapter16　会社は社会に貢献しているか

成長性比較グラフ

- 売上高 100
- 総資本 100
- 粗付加価値 100
- 経常利益 100
- 従業員数 100

　皆さんの会社のデータでも，投資したいと考えている会社のデータでも，このグラフを使って成長性を判断してみて下さい。これまで，何となく感じていたことを裏づけることもありますが，自分の直観と違った結果になることもあります。

　自分の直観や予想と違う結果のときは，本書の知識を活用して，直観や予想とデータ分析の違いが起きる原因を考えて下さい。今後の経営に役立つと思います。

CHAPTER 17

付加価値から何が読めるか

1　労働生産性と資本生産性
2　付加価値生産性の展開
3　労働装備率と設備生産性
4　設備生産性の展開
5　労働分配率と資本分配率
6　資本分配率の分析

1 労働生産性と資本生産性

前の Chapter で明らかにしたように，**生産性**というのは生産要素である**資本（設備）**と**労働（従業員）**とをいかに能率的に利用したかの度合いであって，それはある期間の**インプット（投入量）**がどれだけの**アウトプット（産出量）**を生み出したかを示すものです。

$$生産性 = \frac{アウトプット（産出量）}{インプット（投入量）}$$

投入される生産要素は**資本**と**労働力**であるが，この2つの要素は測定単位が異なる（資本は金額，労働力は人数）ため加減することができません。そこで生産性はさらに**資本生産性**と**労働生産性**に分けて検討されることになります。

$$資本生産性 = \frac{アウトプット（産出量）}{資本} \quad （\%または回数）$$

$$労働生産性 = \frac{アウトプット（産出量）}{労働力} \quad （金額）$$

これらの算式において，**アウトプット**を売上高ととれば**資本生産性**は**資本回転率**となり，また**労働力**を従業員数ととれば**1人当たり売上高**となります。

$$\text{資本生産性} = \frac{\text{売上高}}{\text{資本}} = \text{資本回転率（回数）}$$

$$\text{労働生産性} = \frac{\text{売上高}}{\text{従業員数}} = 1\text{人当たり売上高（金額）}$$

アウトプットに付加価値を入れ，労働力を従業員数とすれば，1人当たりが産出した付加価値が計算されますが，こうして計算された**労働生産性**をとくに**付加価値生産性**と呼びます。

$$\text{付加価値生産性} = \frac{\text{付加価値}}{\text{従業員数}}\text{（金額）}$$

2　付加価値生産性の展開

上の**付加価値生産性**は分子または分母を変えることによって，次のように展開することができます。まず付加価値と売上高との関係から見ると，次のような式に展開することができます。

$$\underset{\substack{\text{（付加価値生産性）}\\\text{（金額）}}}{\frac{\text{付加価値}}{\text{従業員数}}} = \underset{\substack{\text{（1人当たり売上高）}\\\text{（金額）}}}{\frac{\text{売上高}}{\text{従業員数}}} \times \underset{\substack{\text{（付加価値率）}\\\text{（％）}}}{\frac{\text{付加価値}}{\text{売上高}}}$$

付加価値生産性は**従業員1人当たりの売上高**と**付加価値率**（売上高に占める付加価値の割合）の積ですから，付加価値生産性が前期または同業他社などに比べて低いという場合には，①従業員1人当たりの売上高が少ない，②付加価値率が低い，③その両方の要因がミックスしている，

といった原因の分析が可能です。

　いま，例としてＮ社とＰ社のデータを使って付加価値生産性の計算をしてみよう。

Ｎ社の付加価値生産性

(20×1年)
売上高　1,786億円，粗付加価値　538億円，従業員数　684名

$$\frac{538}{684} = \frac{1,786}{684} \times \frac{538}{1,786}$$

（7,865万円）＝（2億6,111万円）×（30.12％）
（付加価値生産性）（１人当たり売上高）（付加価値率）

(20×6年)
売上高　5,627億円，粗付加価値　1,726億円，従業員数　892名

$$\frac{1,726}{892} = \frac{5,627}{892} \times \frac{1,726}{5,627}$$

（1億9,349万円）＝（6億3,082万円）×（30.6％）
（付加価値生産性）（１人当たり売上高）（付加価値率）

　Ｎ社は，この５年間で**売上高**が3.1倍，**粗付加価値**が3.2倍となった急成長企業です。

　ところがこの間に従業員数は1.3倍にしかなっていないため，同社の**付加価値生産性（１人当たり付加価値）**は7,865万円から１億9,349万円へと，実に2.4倍にもなっています。その主たる要因は，**付加価値率**が30％で変わらないにもかかわらず，**１人当たりの売上高**が２億６千万円から６億３千万円と2.4倍になっていることにあります。

P社の付加価値生産性

(20×1年)

売上高　572億円，粗付加価値　126億円，従業員数　1,367名

$$\frac{126}{1,367} = \frac{572}{1,367} \times \frac{126}{572}$$

（921万円）　＝　（4,184万円）　×　（22.02％）

（付加価値生産性）（1人当たり売上高）（付加価値率）

(20×6年)

売上高　648億円，粗付加価値　142億円，従業員数　1,548名

$$\frac{142}{1,548} = \frac{648}{1,548} \times \frac{142}{648}$$

（917万円）　＝　（4,186万円）　×　（21.9％）

（付加価値生産性）（1人当たり売上高）（付加価値率）

　P社の場合，この5年間における売上高の増加は13.2％，粗付加価値は12.6％の増加，従業員数は13.2％増となっています。付加価値率が若干低下したため，結果的に付加価値生産性はわずかながら減少しています。

　両社の差は歴然としています。**付加価値生産性**で見て，N社はP社の21.1倍にもなっています。**1人当たり売上高**が15.06倍にもなることに加えて，**付加価値率**にも8％の差があるためです。

　両社の生産性の差は付加価値構成を見ると一層明確になります。

　N社は税金が57％弱（以下，20×4年について述べる）にも上り，人件費はわずか3.8％です。付加価値のうち約50％が経常利益です。

　P社の場合，税金は2％に満たず，80％弱が**人件費**です。両社の最大

の相違は人件費です。1人当たりの人件費の額で見るとＮ社は757万円（人件費67億600万円を従業員数892名で割ったもの），Ｐ社は740万円となっています。Ｐ社のほうが給与水準が高そうですが，大卒の初任給で比較する限りＮ社のほうが高い（Ｎ社199,000円，Ｐ社194,100円。いずれも20×1年4月入社，事務系，本社勤務者の基準内賃金）。

　両社の平均人件費の差は，従業員の平均年齢の違いに原因がありそうです。Ｎ社の平均年齢は37歳（男子），Ｐ社は39歳（同）で，2歳の開きがあります。平均勤続年数で見るとＮ社がかなり短いのに対し，Ｐ社は長い（いずれも男子）。Ｐ社のほうが年齢層が高い分，給与等の総額を引き上げているのです。

　最近，「**会社の寿命**」が話題となっていますが，一説では会社が成長期から繁栄期にあるのは平均30年間ほどであるといいます。また成長・繁栄を続ける企業の特徴の1つとして，従業員の平均年齢が低いことが指摘されています。しばしばいわれるのは，平均年齢が30歳を超えると企業の活力は大幅に失われ，人件費負担が増大して小回りがきかなくなり，衰退期に入る場合が多いということです。

3　労働装備率と設備生産性

　付加価値生産性は1人当たりの売上高（または生産高）を増やすか，**付加価値率**を上げることによって高めることができます。1人当たり売上高（生産高）を増やすには1人当たりの販売（生産）数量を増やすだけでなく，販売単価を引き上げたり，高額商品の構成比を高めるなどの方法がありますが，機械化・オートメーション化を一層推し進めることによっても達成できます。

Chapter17 付加価値から何が読めるか

　他方，**付加価値率**を上昇させるには加工度を上げ，売価の引上げを図ることと，原材料の消費量を低く抑えたり，原材料価格の引下げによって製造原価中の前給付高（他企業の生産活動に帰属する部分）を削減することが重要です。

　付加価値生産性は機械や設備の多少によっても大きく変わります。最新鋭の生産設備を備えた近代工場と，人手作業に頼る家内工業とでは生産性に大きな開きがあります。次の式は，そうした機械化・近代化がどの程度図られているかを判断するのに使われます。

$$\frac{\text{付加価値}}{\text{従業員数}} = \frac{\text{有形固定資産}}{\text{従業員数}} \times \frac{\text{付加価値}}{\text{有形固定資産}}$$

（付加価値生産性）　　（労働装備率）　　（設備生産性）
（金額）　　　　　　　（金額）　　　　　（％）

　この計算を総合アパレルのO社とメリヤス肌着のトップメーカーであるG社について行ってみよう。O社は20×1年および20×3年12月期のデータ，G社は20×1年および20×3年3月期のデータです。なお有形固定資産の中に**建設仮勘定**がある場合には，この設備等がいまだ生産・販売活動に参加していないものとみなして除外しています。また有形固定資産の金額，従業員数は期首と期末の平均を使うのがよいが，期首と期末の数値にあまり大きな変化がない場合には，期末の数値によってもよい。ここでは，期末の値を使っています。

O社の付加価値生産性

(20×1年)

粗付加価値 716億円，有形固定資産 417億円，従業員数 3,149名

$$\frac{716}{3,149} = \frac{417}{3,149} \times \frac{716}{417}$$

(2,273万円) = (1,324万円) × (171％)
(付加価値生産性)　(労働装備率)　(設備生産性)
(金額)　　　　　(金額)　　　　(％)

(20×3年)

粗付加価値 711億円，有形固定資産 558億円，従業員数 3,209名

$$\frac{711}{3,209} = \frac{558}{3,209} \times \frac{711}{558}$$

(2,215万円) = (1,738万円) × (127％)
(付加価値生産性)　(労働装備率)　(設備生産性)
(金額)　　　　　(金額)　　　　(％)

　労働装備率（**資本装備率**ともいう）というのは従業員1人当たりの固定資産額ですから，「**率**」ではなく「**金額**」で表されます。O社はこの3年間で有形固定資産を1.3倍にしたが，設備生産性は44％も減ってしまっています。これは設備等への投資の効果がいまだ十分に発現していないからであろうと思われます。

G社の付加価値生産性

(20×1年)

粗付加価値 377億円, 有形固定資産 399億円, 従業員数 3,885名

$$\frac{377}{3,885} = \frac{399}{3,885} \times \frac{377}{399}$$

(970万円) ＝ (1,027万円) × (94％)
(付加価値生産性)　(労働装備率)　(設備生産性)
　（金額）　　　　（金額）　　　　（％）

(20×3年)

粗付加価値 380億円, 有形固定資産 439億円, 従業員数 3,919名

$$\frac{380}{3,919} = \frac{439}{3,919} \times \frac{380}{439}$$

(969万円) ＝ (1,119万円) × (86％)
(付加価値生産性)　(労働装備率)　(設備生産性)
　（金額）　　　　（金額）　　　　（％）

G社の場合，両年度の付加価値生産性はまったく同額です。変化があったのは，**労働装備率**が若干上向いた分，**設備生産性**が8％落込んでいる点です。

O社もG社も，**粗付加価値**で見ると，この3年間ほとんど変わらない。しかし，O社は，付加価値生産性（1人当たりの付加価値額）において2.3倍になっています。その原因は，**労働装備率**（1人当たりの有形固定資産）において600万円もG社を上回り，**設備生産性**においても40％も上回っていることにあります。

1人当たりで見る限り，O社のほうが**機械化・オートメ化**が進んでいるようです。G社は比較的機械化しやすいインナーウェアや靴下を作っているにもかかわらず，付加価値率が低いため，設備生産性が上がらないからであろうと思われます。相対的に見てO社が資本集約的，G社が

労働集約的な生産をしているといえるようです。

設備生産性は使用した設備（固定資産）が何倍の付加価値を生み出したかを見るものです。Ｇ社は１人当たりの設備は多いが，設備が生み出す付加価値はわずかに86％，これに対しＯ社は1.2倍となっています。

機械化を推進して**労働装備率**を高めると**付加価値生産性**も向上するように考えられがちであるが，公式を見るとわかるように単純に固定資産の額を増やして**労働装備率**を高めても，それだけでは**設備生産性**が低下してしまうので，**付加価値生産性**を高めることはできないのです。**労働装備率**を高めることが付加価値の増大ないし従業員数の削減をもたらすものでなければならないのです。

4　設備生産性の展開

設備（有形固定資産）が付加価値の創出にどれだけ貢献したかを見る指標として，上の算式における**設備生産性**（**設備投資効率**ともいう）が利用されます。

設備生産性は上式におけるように，

$$\frac{付加価値}{有形固定資産} \times 100 (\%)$$

であるから，この計算で見る限り，少ない設備で大きな付加価値の創出をすることが比率を高めることになります。**遊休設備**が多い場合は当然に分母を小さくすることでこの比率を高めることができるが，一般論として設備を減らしてこの比率を上昇させるのは難しいでしょう。むしろ現有設備に見合った付加価値の産出を図るか，設備を増やすと同時にそれ以上の付加価値の増大を図るべきです。

Chapter17　付加価値から何が読めるか

　すでに述べたように減価償却費の計算は会社のいろいろな政策的配慮などによって左右されることが多く，この**設備生産性**の計算にもその影響が出ることがあります。そのためとくに企業間比較をする場合に，有形固定資産の額を取得価額で（つまり帳簿価額に償却費累計額を加えて）代替することもできます。

　設備生産性の算式は，次のように展開することができます。

$$\frac{付加価値}{有形固定資産} = \frac{付加価値}{売上高} \times \frac{売上高}{有形固定資産}$$

（設備生産性）　　（付加価値率）　　（有形固定資産回転率）
　　（％）　　　　　　（％）　　　　　　　　（回数）

　つまり**設備生産性**というのは，自社製品にどれだけの付加価値を付与できたかという**付加価値率**と，自社の有形固定資産をもって何倍の売上げを上げたかという**有形固定資産の利用効率**の積なのです。いまこの計算をH社とS社の20×1年3月期のデータを使ってやってみましょう。なお有形固定資産の額は**建設仮勘定**の額を除外し，期首と期末の数値の平均を使っています。

H社の設備生産性

$$\frac{粗付加価値\ 7,868億円}{有形固定資産\ 6,417億円} = \frac{粗付加価値\ 7,868億円}{売上高\ 3兆8,114億円} \times \frac{売上高\ 3兆8,114億円}{有形固定資産\ 6,417億円}$$

$$(122.6\%) = (20.6\%) \times (5.93倍)$$

(設備生産性)　　(付加価値率)　　(有形固定資産回転率)
　　(％)　　　　　　(％)　　　　　　　(回数)

S社の設備生産性

$$\frac{粗付加価値\ 2,587億円}{有形固定資産\ 5,644億円} = \frac{粗付加価値\ 2,587億円}{売上高\ 1兆1,528億円} \times \frac{売上高\ 1兆1,528億円}{有形固定資産\ 5,644億円}$$

$$(45.8\%) = (22.4\%) \times (2.04倍)$$

(設備生産性)　　(付加価値率)　　(有形固定資産回転率)
　　(％)　　　　　　(％)　　　　　　　(回数)

　両社を比較すると**設備生産性**において2.5倍もの開きがあります。S社は**付加価値率**において2％高いが，**有形固定資産回転率**（つまり設備の有効利用度）がH社の3分の1です。S社は1人当たりの設備（**資本装備率**）が2,536万円にも上り，H社（787万円）の3.2倍もあります。S社は**付加価値率**を高めること以上に固定資産の有効利用を図ること（新鋭機への更新や遊休・旧式化設備の廃棄を含む）が重要です。

　なお，上に示した**設備生産性**の展開式を，**付加価値生産性**の計算式に代入すると，次のような計算式となります。

$$\frac{\text{付加価値}}{\text{従業員数}} = \frac{\text{有形固定資産}}{\text{従業員数}} \times \frac{\text{付加価値}}{\text{売上高}} \times \frac{\text{売上高}}{\text{有形固定資産}}$$

（付加価値生産性）（労働装備率）（付加価値率）（有形固定資産回転率）
（金額）　　　　（金額）　　　　（％）　　　　（回数）

この計算式に基づいて**付加価値生産性の変動要因**を考えてみると，計算要素の①売上高，②付加価値，③有形固定資産，④従業員数，それぞれの増減に加えて，⑤単位当たり売上高に対する原材料消費量の増減，⑥原材料単価の増減，⑦製品構成の変化（高付加価値製品の比重の増減など），⑧設備投資とその更新の進み具合（労働装備率），⑨有形固定資産の有効利用度などを挙げることができるでしょう。

5　労働分配率と資本分配率

資本を提供した者（危険も負担していることを忘れてはならない）と労働を提供した者（危険は金額的にも確率的にも小さい）が力を合わせて大きなパイを焼いたとします。このパイを資本提供者は右から，労働の提供者は左から食べることにします。一方のグループの人たちが急いで食べようとすれば，他方のグループの人たちの口に入る量は少なくなります。焼き上がったパイの大きさが変わらない以上，**資本家への配分**と**労働者への配分**は，一方を多くすれば他方が少なくなるという関係にあります。

付加価値はいわば資本家と労働者が共同で焼いたパイです。資本家への配分を多くするということは，従業員への配分となる給与・賃金を抑えて利益を増やすことです。労働者への配分を大きくしようとすれば，資本家への配分となる利益が少なくなります。

労働者は雇用契約により給与・賃金等が決まっています。まれに利益が一定水準を超えると従業員にも利益の配分（形式的にはボーナスなどの形をとる）を行う企業もあるが，一般的には利益の有無やその多少に関係なく給与・賃金が決められます。したがって，ある年に従来にない多額の利益が上がっても，従業員へ直接その一部が配分されるということはなく，すべて資本提供者への配分に回されます。いま付加価値の構成要素のうち最も基本的な人件費，利益および税金について，**付加価値の分配**という関係を図示すれば，次のようになります。

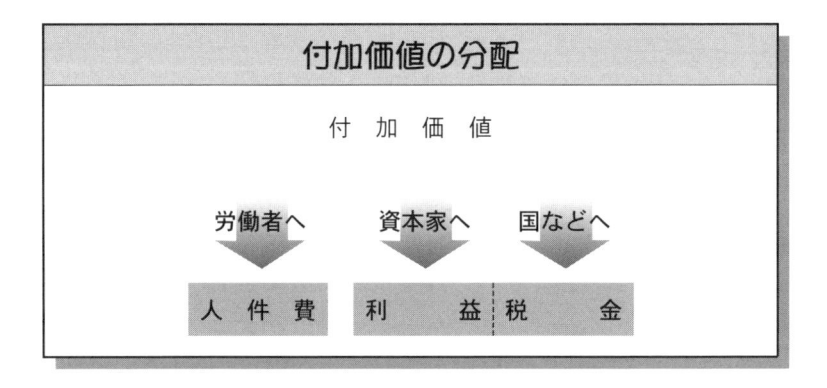

付加価値の分配

付　加　価　値

労働者へ　　　資本家へ　　　国などへ

人　件　費　｜　利　　益　｜　税　　金

　付加価値が従業員，資本提供者，政府等へそれぞれどのくらいの割合で分配されるかを見るために次のような計算が行われます。

$$労働分配率 = \frac{人件費}{付加価値} \times 100 (\%)$$

$$資本分配率 = \frac{利益}{付加価値} \times 100 (\%)$$

$$利益分配率 = \frac{税金}{付加価値} \times 100 (\%)$$

Chapter17 付加価値から何が読めるか

付加価値というパイの大きさが決まっている以上,上に述べたように人件費を増やせば資本提供者の受け取るパイは小さくなります。従業員に対する給与や賃金は毎年増加するのが普通です。定期の昇給や賃上げ,あるいは世間相場の上昇などによって毎年給与水準は上昇しています。

こうした人件費の増加を付加価値の分配という観点から検討しておくことは重要です。人件費の増加をどのような方法で吸収したらよいでしょうか。1つは**労働分配率**を上げること,つまり付加価値というパイのうち従業員に回す部分を大きく切ることです。労働分配率を上げれば人件費の額を増やすことができます。ただしこの方法は一時的には人件費の増加分を吸収しえても,利益(配当金と内部留保の源泉)を圧迫することになり,長つづきしないでしょう。

従業員1人当たりの人件費を付加価値との関係から分解すると,次のようになります。

$$\frac{人件費}{従業員数} = \frac{人件費}{付加価値} \times \frac{付加価値}{従業員数}$$

(1人当たり人件費) (労働分配率) (付加価値生産性)
(金額)   (%)   (金額)

1人当たりの人件費を増やすには,この式からわかるように**労働分配率を高めるか**,あるいは**付加価値生産性**(1人当たり付加価値)**を高める**とよい。労働分配率のほうは上述したような限界があり,さらに最近では不況の深刻化が進み企業の賃上げ姿勢が慎重になり,この比率はむしろ低下する恐れがあるでしょう。

したがって,人件費の増加吸収対策としては**付加価値生産性**を向上さ

せるほうがベターだということになります。たとえば，付加価値を100，**労働分配率**を50％としましょう。労働分配率を55％にすれば分配額も5％上昇し，55が配分されることになります。労働分配率を変えないとすると，付加価値を100から110へ，10％増加させることで労働分配率を55とすることができるのです。

労働分配率は売上高との関係で見ると，次のように分解することができます。

$$\frac{人件費}{付加価値} = \frac{人件費}{売上高} \div \frac{付加価値}{売上高}$$

（労働分配率）　（売上高人件費比率）　（付加価値率）
（％）　　　　　　（％）　　　　　　（％）

労働分配率は売上高に占める人件費の割合（**売上高人件費比率**）が大きければ高くなり，また**付加価値率**が低いときにも高くなります。付加価値率も**売上高人件費比率**も業種によって大きな開きがあります。付加価値率の場合，原材料を必要としないサービス，不動産，運輸業などは高く，製造業は低い。商社などは1～3％です。**人件費比率**もサービス，運輸業（とくにバス，鉄道，旅行斡旋，宅配業など）が高く，商社は低い。

これらの比率は業種によって大きな差があるので，同業他社と比較したり，同じ会社で時系列の変化を検討するとよいでしょう。

6　資本分配率の分析

　資本分配率は付加価値に占める利益の割合を示す比率です。この場合，資本としては**自己資本**が想定されています。しかし旧・通産省の分析では，この資本の概念を他人資本を含めた**総資本**と捉え，

$$資本分配率 = \frac{純金融費用 + 配当金 + 減価償却費}{粗付加価値} \times 100(\%)$$

といった計算を示しています。いま，この旧・通産省の比率を総資本分配率，付加価値に占める当期利益の割合を自己資本分配率と呼べば，他人資本分配率の計算も可能です。

$$他人資本分配率 = \frac{純金融費用}{粗付加価値} \times 100(\%)$$

　資本分配率を付加価値に占める利益の割合の意味で理解する場合，この分配率は売上高との関係において，次のように展開することができます。

$$\underset{\substack{(資本分配率)\\(\%)}}{\frac{利益}{付加価値}} = \underset{\substack{(売上高利益率)\\(\%)}}{\frac{利益}{売上高}} \div \underset{\substack{(付加価値率)\\(\%)}}{\frac{付加価値}{売上高}}$$

　この算式から明らかなように，資本分配率は売上高利益率を高めるか，付加価値率が低下すると比率が向上します。

CHAPTER 18

企業集団はどのように分析するか

1 企業集団とは何か
2 企業集団の財務諸表
3 親会社と企業集団を比較してみる
4 貸借対照表を比べてみる
5 損益計算書を比べてみる
6 企業集団は,どの事業で儲けているか
7 企業集団は,どこで稼いでいるか
8 個別財務諸表と連結財務諸表をどう使い分けるか

1　企業集団とは何か

　わが国には,「**ゆるやかな企業集団**」と「**親子会社としての企業集団**」があります。後者は,前者のサブシステム（大グループの中の小グループ）である場合が多いようです。

　たとえば,わが国では,戦前の旧財閥に属していた企業を中心に形成された**三井**,**三菱**,**住友**という企業集団と,銀行が取引先企業を中心に形成した**芙蓉**（**富士銀行**系列),**三和**,**第一勧銀**という企業グループが有名です。最近,**第一勧銀**,**富士銀行**などが統合して「**みずほホールディングス**」ができたり,**阪急ＨＤ**が**阪神電鉄**を子会社化したり,企業集団は流動的な面もあります。

　「ゆるやかな企業集団」は,親会社と呼ぶべき企業がなく,集団内の会社がお互いに株式を所有し合ったり,資金やモノを融通し合ったり,互いに製品を購入し合ったりという形で,結束しています。親子会社のような強い結束ではなく,ゆるやかな結束で結ばれているのです。

Chapter18 企業集団はどのように分析するか

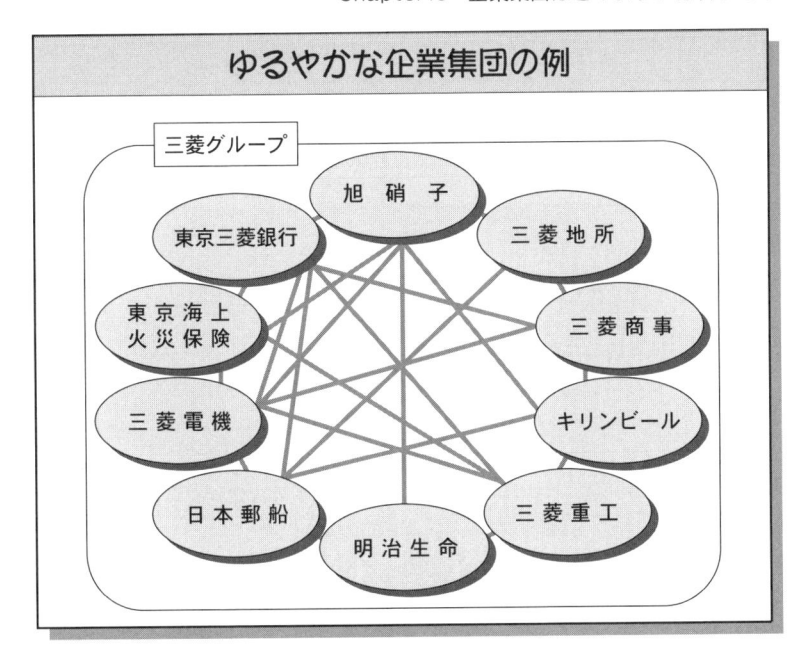

ゆるやかな企業集団の例

三菱グループ
- 旭硝子
- 東京三菱銀行
- 三菱地所
- 東京海上火災保険
- 三菱商事
- 三菱電機
- キリンビール
- 日本郵船
- 三菱重工
- 明治生命

　親子会社としての企業集団は，たとえば，**イトーヨーカ堂，セブン－イレブン・ジャパン，デニーズジャパン**などを子会社とする**セブン＆アイ・ホールディングス，日立製作所**を親会社として，**日立金属，日立建機，日立化成工業，日立電線，日立マクセル，日立電子**などを子会社とする**日立グループ**など，数多くあります。

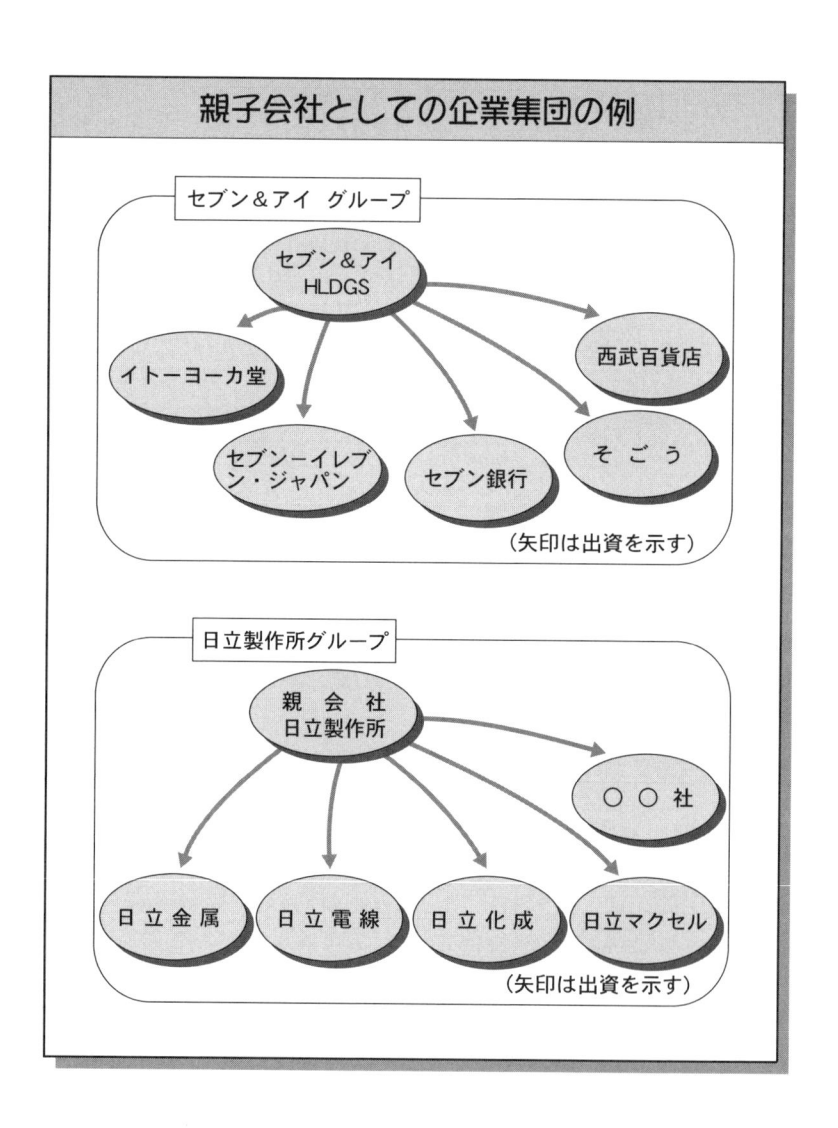

親子会社としての企業集団の例

セブン&アイ グループ

- セブン&アイ HLDGS
  - イトーヨーカ堂
  - セブン-イレブン・ジャパン
  - セブン銀行
  - そごう
  - 西武百貨店

（矢印は出資を示す）

日立製作所グループ

- 親会社 日立製作所
  - 日立金属
  - 日立電線
  - 日立化成
  - 日立マクセル
  - ○○社

（矢印は出資を示す）

Chapter18　企業集団はどのように分析するか

2　企業集団の財務諸表

　こうした親子会社の関係にある企業集団の場合，製造部門と販売部門を別会社にしたり，多角化・分社化によって関連事業に進出したり，地区別に販社を配置したりしているため，親会社の貸借対照表と損益計算書（これにキャッシュ・フロー計算書を合わせて，**財務諸表**といいます）を見ただけでは，親会社の本当の姿も企業グループの姿もわからないことが多いのです。

　そこで，こうした企業グループを形成している場合には，上で述べたように，グループ全体を1つの企業体として計算した「**連結財務諸表**」を作成します。上のキャッシュ・フロー計算書の場合は，ひな型（サンプル）の計算書を示しただけでしたが，連結財務諸表の場合は，ひな型を示しただけではイメージがわきません。そこで，以下では，いくつかの会社の数字を使って，企業集団の財務諸表とはいったいどういうものか，どのように利用するかを紹介したいと思います。

3　親会社と企業集団を比較してみる

　企業集団によっては，親会社の規模や成績と，グループ全体の規模や成績があまり違わないところもあります。

　たとえば，**森永乳業**の場合，グループを構成する連結子会社が30社ありますが，親会社の総資産が2,766億円（2009年3月期）であるのに対して，企業集団の総資産は25％増の3,481億円にしかならず，売上高で見ても親会社が4,450億円であるのに対して，企業集団の売上高は31％増の5,839億円どまりです。経常利益も，親会社が92億円，グループが，21％増の112億円ですから，単体（**森永乳業のこと**）で見た場合と企業

229

集団(**森永乳業グループ**——連結財務諸表)で見た場合に,大きな違いはないようです。

ところが,**本田技研工業**とかNTT(日本電信電話)などの場合は,親会社と企業集団の規模がまるで違います。親会社だけの情報からグループ全体を判断することはできませんし,グループの財務諸表(連結)だけで親会社を判断することもできません。参考までに,**本田技研工業**とそのグループの数値を示しておきます。

本田技研工業と本田技研工業グループの規模2009年3月期(単位:億円)

	本田技研工業	本田技研グループ	倍　　率
売　上　高	34,045	100,112	2.9(倍)
税引前利益	△800	1,617	—
総　資　本	25,212	118,189	4.6(倍)
従業員数	26,471名	181,876名	6.8(倍)

4　貸借対照表を比べてみる

最初に,**本田技研工業**のデータを使って,親会社と企業集団の**百分率財務諸表**を作ることにしましょう。

次の2つの図表は,**本田技研**(親会社)と**企業集団**(連結)の貸借対照表です。

Chapter18 企業集団はどのように分析するか

本田技研工業の個別(親会社)貸借対照表(2009年3月31日)(単位:億円)			
流動資産合計	9,255(36.7%)	負 債 合 計	8,729(34.6%)
内,当座資産	3,940(15.6%)	内,流動負債	7,058(27.9%)
固定資産合計	15,957(63.2%)	純 資 産 合 計	16,483(65.3%)
内,有形固定資産	7,637(30.0%)	内,資 本 金	860(3.4%)
		資本剰余金	1,703(6.7%)
		利益剰余金	14,585(57.8%)
資 産 合 計	25,212(100%)	負債・純資産合計	25,212(100%)

本田技研工業の連結貸借対照表(2009年3月31日)(単位:億円)			
流動資産合計	46,211(39.0%)	負 債 合 計	76,885(65.0%)
内,当座資産	27,165(22.9%)	内,流動負債	42,373(35.8%)
金融子会社保有長期債権	24,002(20.3%)	長期債務	19,326(16.3%)
有形固定資産	21,477(18.1%)	純 資 産 合 計	41,303(35.0%)
		内,株主資本	40,072(33.9%)
		非支配持分	1,230(1.0%)
資 産 合 計	118,189(100%)	負債・純資産合計	118,189(100%)

　2つの貸借対照表を見て,目を引くのは,親会社とグループの規模の差です。総資産で比べてみると,グループ全体では,親会社の4.7倍も大きいのです。また,親会社(**本田技研**)のときには自己資本が65%もあったのが,連結(**本田技研グループ**)になると,33%に落ちていること,親会社だけで見ると,流動負債は27%しかないのに,連結になると35%を越えること,なども目につきます。親会社だけで見ると負債の返済能力は高そうですが,グループで見るとそうでもなさそうです。

借金の返済能力を見るために、**流動比率**を計算してみましょう。

流動比率は、短期的な支払能力を見る指標で、流動負債（短期借入金や支払手形など）を即時に返済するには200％以上あることが望ましいといわれています。

$$流動比率 = \frac{流動資産}{流動負債} \times 100(\%)$$

$$本田技研工業の流動比率 = \frac{9,255億円}{7,058億円} = 131.1\%$$

$$本田技研工業グループの流動比率 = \frac{46,211億円}{42,373億円} = 109.0\%$$

親会社だけで見ると、130％台ですが、グループとしては、「借金の返済能力」が109％に落ちています。連結財務諸表を作ってみると、親会社の財務諸表からは読めないこともわかるのです。

5　損益計算書を比べてみる

次の2つは、**本田技研工業**の損益計算書と**企業グループ**の連結損益計算書です。

Chapter18　企業集団はどのように分析するか

本田技研工業の個別（親会社）損益計算書
（自2008年3月31日　至2009年3月31日）（単位：億円）

売　　上　　高	34,045	100
売　上　原　価	24,803	72.8
売　上　総　利　益	9,241	27.1
販売費・一般管理費	10,826	31.7
営　業　利　益	△1,584	—
営　業　外　収　益	1,808	5.1
営　業　外　費　用	256	0.7
経　常　利　益	△32	—
特　別　利　益	13	0.0
特　別　損　失	781	2.2
税引前当期純利益	△800	—
法人税・住民税	△203	—
当　期　純　利　益	△596	—

本田技研工業の連結損益計算書

売　　上　　高	100,112	100
売　上　原　価	74,195	74.1
売　上　総　利　益	25,917	25.8
販売費・一般管理費	18,388	18.3
研　究　開　発　費	5,631	5.6
営　業　利　益	1,896	1.8
営　業　外　収　益	436	0.4
営　業　外　費　用	715	0.7
税　引　前　利　益	1,617	1.6
法　人　税　等	1,098	1.0
当　期　純　利　益	1,370	1.3

　グループの売上高は，親会社の3倍近い。営業利益（本業の利益）を見ると，親会社は1,584億円の赤字を出しているが，グループではそれ

を埋めるだけの利益を稼いでいます。当期純利益でも，親会社は600億円近い赤字ですが，グループでは1,370億円の利益を確保しています。**本田技研**は，優秀な子会社群を持っているということがわかります。

6　企業集団は，どの事業で儲けているか

　大きな規模の会社では，親会社が行う事業の他にも，子会社や関連会社を使ってさまざまな事業を展開しています。

　富士フイルム（旧社名・**富士写真フイルム**）といえば，世界でも有数のフイルム・メーカーとして有名ですが，デジタルカメラや液晶ディスプレイ材料，システム機材などの事業も行っています。

　連結財務諸表には，「**セグメント情報**」が記載されており，企業集団がどういう事業を行っているかを分析しています。次のデータは，企業集団としての**富士フイルムホールディングス**に関するセグメント情報です。

富士フイルムホールディングスのセグメント情報（事業別）（2009年3月期）（単位：億円）

	イメージングソリューション部門	インフォメーションソリューション部門	ドキュメントソリューション部門
売　上　高	4,111	9,478	10,867
営　業　利　益	△　293	203	496

　「イメージングソリューション」というのは，カラーペーパー，映画フイルム，デジタルカメラ，ビデオテープなどで，「ドキュメントソリューション」は，コピー機，複合機，プリンターなど，「インフォメー

Chapter18 企業集団はどのように分析するか

ションソリューション」は,記録メディア,携帯電話用レンズユニット,内視鏡などの部門です。

セグメント情報を見ると,この会社が従来本業としてきた「DPE(現像・印画・引き伸ばし)」の部門(イメージングソリューション)が,売上高で見て,他の事業よりも小さいことに気がつくと思います。しかも,当期は損失まで出しているのです。この会社が,フイルムの会社から,「映像と情報」をキーワードにして,事業内容を大きく変革してきたことがわかると思います。

事業別に売上高利益率を計算すると,次のとおりです。

ドキュメントソリューションの売上高営業利益率
$$=\frac{営業利益496}{売上高10,867}=4.5\%$$
インフォメーションソリューションの売上高営業利益率
$$=\frac{営業利益203}{売上高9,478}=2.1\%$$

こうした計算をしてみると,いまでは,この会社の収益源がドキュメントソリューション部門にあることがわかります。

7 企業集団は,どこで稼いでいるか

企業集団によっては,**トヨタ自動車**や**本田技研工業**のように,海外で稼いでいるグループもあるし,国内で稼いでいるグループもあります。では,**富士フイルムホールディングス**(富士ゼロックスなどの子会社を含む)は,どこの地域で稼いでいるでしょうか。

次の図表は，同グループの地区別セグメント情報です。

富士フイルムホールディングスのセグメント情報（地域別）（2009年3月期）（単位：億円）				
	日　本	米　州	欧　州	アジア他
売　上　高	18,848	4,129	2,934	6,079
営　業　利　益	166	△ 40	23	198

富士フイルムグループは，利益のほとんどを国内とアジア地区で稼いでいることがわかります。この情報を使って，地区別の売上高利益率を計算したのが次式です。こうした計算をしてみると，アジア他の地域の利益率が日本の4倍にもなっていることがわかります。

$$日本の売上高営業利益率 = \frac{営業利益166億円}{売上高18,848億円} = 0.8\%$$

$$アジア他の売上高利益率 = \frac{営業利益198億円}{売上高6,079億円} = 3.2\%$$

8　個別財務諸表と連結財務諸表をどう使い分けるか

わが国では，企業集団がいくら巨額の利益を上げても，その利益を誰かに配当するということはありません。連結財務諸表に計上されている利益には，子会社の利益も入っていれば関連会社の利益の一部も入っているのです。

個別財務諸表は，通常，株主総会の議を経て承認・確定しますが，**連**

Chapter18 企業集団はどのように分析するか

結財務諸表にはそうした手続きがありません。そこで計上される利益は，「仮に，企業集団が一個の会社だとしたら」という仮定の下に計算したものです。しかしそうした会社は実在しませんから，企業集団の株式が発行されるわけでもなく，株主がいるわけでもないのです。

配当を受け取ったり，自分の取り分としての利益を確定したりするのは，今後も，個別財務諸表をベースとして行われます。そういう意味では，これからも個別財務諸表の意義は失われないでしょう。

しかし，個別財務諸表の数値は，親会社がある程度まで操作することができます。たとえば，親会社が経営不振に陥ったときには，製品を子会社に高く売ったことにして親会社の利益を嵩上げすることができますし，親会社が儲けすぎたときには売上や利益の一部を子会社に移して**利益隠し**をしたりすることができます。

では，個別の財務諸表と連結財務諸表をどのように読み分けたらよいのでしょうか。**今年の配当はいくらとか**，**現在の債務返済能力はどうか**，などといった**短期的な分析**には，**個別財務諸表**が役に立ちそうですし，少し**長期的な収益性や安定性**などを判断するには，連結**財務諸表**が役に立つのではないでしょうか。

237

エピローグ

よい会社の条件

　ここまで読んできて，会社を診る目が少し専門的になってきたような気がしませんか。会社の会計データが手に入りますと，その会社やグループがどれくらい儲けているのか，どういう事業で儲けているのか，将来性はあるか，その会社に投資しても安全か，などといったことがわかるようになります。

　さて，会社の収益性，成長性，安全性，生産性，そして，企業集団の分析の仕方まで，いろいろなことを読んできました。最後に，「よい会社とはどういう会社か」「最近のよい会社の条件」を一緒に考えてみたいと思います。

1 経営計画と経営戦略を読む

▷「有価証券報告書」って何だ

　自分が勤めている会社が**証券取引所**に上場していれば,「**有価証券報告書**」(「有報(ゆうほう)」と呼ぶこともあります)という書類を作成しています。経理部とか広報課,あるいは,株式課といった部署でもらうことができるでしょう。上場しているような大規模な会社であれば,ホームページでも公開していますし,インターネットで「EDINET」「エディネット」と入力すれば,目的の会社の財務諸表を見ることができます。

　この「**有価証券報告書**」という文書は,タイトルからはどのような文書か想像しにくいですが,中身は,「**有価証券を一般社会に公開している会社の営業・生産・経理・輸出入・設備などに関する報告書**」,つまりは,「**会社の現状と将来計画の報告書**」です。

　この報告書には,その会社の財務諸表だけではなく,その会社を親会社とした企業集団の**連結財務諸表**も含まれています。それ以外にも,事業の概況,営業の状況,研究開発活動の状況,生産能力(生産計画と生産実績),販売実績,輸出割合,設備の状況や新設計画など,その会社とグループを理解するのに必要な情報が満載されています。「有価証券報告書」は,企業情報の宝庫なのです。

　せっかく会社がそうした情報を公開しているのですから,投資家なら投資する前に,学生なら就職試験を受ける前に,そしてその会社の管理職にいる皆さんなら,「わが身を知る」ために,ぜひ,一読,いえ,精読しておきたいものです。

　以下,有価証券報告書に公開されている情報を使って,企業の経営計画と経営戦略を読むことにします。

エピローグ　よい会社の条件

▷配当政策を読む

　本来，会社の利益はすべて，会社の所有者である株主のものです。しかし，会社は，稼いだ利益をすべて株主に配当として支払うわけではありません。将来の設備投資や研究開発の資金としたり，将来の不測の事態に備えたり，いろいろな事情から，利益の一部を会社の内部にとっておきます。こうして会社にとっておかれた利益を「**留保利益**」といい，会社に取っておくことを「**内部留保**」といいます。

　今年の利益のうち，どれくらいを株主に配当し，どれだけを内部留保するかを，株主に公約している会社もあります。

　たとえば，**アサヒビール**は，「継続的かつ安定的な配当を基本としつつ，連結配当性向20％以上を目指すとともに，自己株式の取得も適宜実施し，総合的な株主還元の充実化」を図ると宣言しています（同社の有価証券報告書）。

　また，**本田技研工業**は，「配当と自己株式取得をあわせた金額の連結純利益に対する比率（株主還元性向）」30％をめどにすることを公約しています（同社の有価証券報告書）。

　配当政策を**配当性向**という形で公約している企業は，必ずしも多くはありません。多数の企業は，「当社は安定的な配当の維持および向上を基本方針としている」というように，配当を**平準化**することを方針としています。

▷経営戦略を読む

　有価証券報告書の中に「**営業の状況**」という欄があります。ここを読みますと，会社の経営戦略がよくわかります。

たとえば，**京セラ**では，「グローバル経営の強化」をねらって，アジア地域における現地生産を強化するため，インドネシアでの電子部品等の生産拡大，中国での電子部品の生産拡大とカメラの販売拡大を計画しています。

　ソニーは，「多くのビジネス分野において，ブロードバンドの普及によるネットワークインフラの整備にともなう異業種からの参入により，競争が激化」という状況に対処するため，「事業の絞込み，製品モデル数の削減，製造拠点の統廃合，間接部門の効率化，非戦略資産の売却などの競争力向上と経営体質強化に向けた施策を実行」しています。これにより，**ソニー**は，新しい組織体制のもと，「構造改革ならびに成長戦略をバランスよく組み合わせ，エレクトロニクス，ゲーム，エンタテイメントの３つのコア事業の競争力強化」に取り組む姿勢を明らかにしているといいます（同社の有価証券報告書）。

　経営計画や経営戦略が読めない会社も少なくありません。たとえば，具体的な計画や戦略を示すことなく，「豊かな社会の実現に貢献しうる企業を目指して引き続き努力する所存」とか，「活力あふれる企業を目指し，株主の期待にこたえていく所存」などと書かれても，経営者の姿勢や将来に対する展望，あるいは，経営戦略といったものは読みとれません。

　有価証券報告書は，自社の「はだかの姿」も「将来計画」も「経営戦略」も，すべて白日の下にさらけだすための書類です。そこで「わが社の現状と将来」を明確に示せないようでは，この報告書を「作文」でお茶を濁しているのです。言ってみますと，そうした会社には明確な戦略がないのです。そこらあたりを知るだけでも，有価証券報告書を読む価値がありそうです。

エピローグ　よい会社の条件

▷投資計画・生産計画を読む

　経営戦略は，目標を掲げるだけでは「空鉄砲」です。実弾が入っていない鉄砲など「おもちゃ」に過ぎませんが，口先だけの経営戦略も「作文」でしかありません。

　会社の経営戦略は，具体的な行動をともなってこそ意味があります。会社が，有価証券報告書の中で表明した戦略を，どこまで具体的に実施する気なのかは，たとえば，**研究開発活動**とか**設備投資の計画**，**生産計画**などを読むとわかります。

　参考までに，**ソニー**の設備の新設計画（平成19年度）を紹介しておきます。設備の新設・拡充計画は，総額で4,400億円で，その内訳は，次のとおりです。

ソニーの設備投資計画（2007年度）

事業の種類別セグメントの名称	（億円）	設備等の主な内容・目的
エレクトロニクス	377.0	半導体や電子デバイスを中心とした生産設備投資
ゲーム	20.0	ネットワーク関連設備投資など
映画	21.0	デジタル化推進にともなうIT関連設備投資など
金融	15.0	リース事業にともなうリース用資産の購入，システム関連投資など
その他	3.0	インターネット関連サービス事業におけるシステム関連投資など
合計	440.0	―

同社の有価証券報告書（平成18年度）を読みますと，これらの設備投資はすべて自己資本で賄うとしています。主として力をそそいでいるエレクトロニクス部門には，平成18年度も3,514億円の設備投資をしており，生産部門の合理化，品質向上，需要拡大にともなう生産設備の増強を図っているようです。

▷**生産能力・生産余力を読む**
　会社の現有設備がどれだけの生産能力を持ち，現在，その能力の何割くらいで営業しているのかを知ることは重要です。目一杯で，フルに稼働しているとすれば，急な需要増加に対応できません。かといって，あまり余裕たっぷりというのも不経済です。

　たとえば，ここ数年，躍進著しい**アサヒビール**を見てみましょう。同社は，酒類の生産能力を，
　　酒のタンクの容量×年間平均回転率
を基礎に，仕込みとビン詰め能力などを総合判定して算定しています。

　1999年度の有価証券報告書によりますと，同社の酒類の生産能力と生産実績は，次のとおりでした。

アサヒビールの生産能力（1999年度）

製　品　名	設備能力（年間）	設備能力の算定方法
酒　　　類	2,107,300kℓ	（貯酒槽容量）×（年間平均回転率），びん詰能力他を総合判定

エピローグ　よい会社の条件

アサヒビールの生産実績（1999年度）		
製 品 名	合　　　計	操　業　度
酒　　類	2,541,567kℓ	121%

　このデータからわかることは，この時期，**アサヒビール**はフル生産しても間に合わない状況だったということです。その後，神奈川県南足柄市に神奈川工場を建設（2002年5月完成）し，東京工場の稼働を2002年末までにやめる計画を立てています。しかし，2000年度以降の有価証券報告書には，生産能力や生産実績のデータがなく，こうした設備増強によって需要増加に十分対応できるかどうか，明らかではありません。

　四輪車・二輪車の**スズキ**は，「海外の旺盛な需要と慢性的な生産能力不足に対処するため」，相良工場敷地内に年産24万台規模の小型専用工場を建設することを決めています（同社の平成18年度有価証券報告書）。こうした情報は，次期以降の販売台数や売上高，さらには利益の金額を予測するのに役に立つであろうと思います。

▷研究開発活動を読む

　有価証券報告書には，会社の**研究開発**に対する取り組みが示されています。どういう研究開発にどれだけの資金が投入されているかは，会社の将来性を読むうえで，必須の情報です。

　研究開発は，当面の利益には貢献しませんし，将来的にもその研究が成果を出すという保証もありません。しかし，先端産業に属する会社や業界のリーディング・カンパニーなどにとっては，**事業と研究開発は車の両輪**で，研究活動が活発に行われている会社でなければ将来性はないともいえます。

毎年，多額の研究開発費を使っている**トヨタ自動車**は，平成18年度において，8,907億円の研究開発費を支出しています（連結）。その内訳は，自動車事業に8,036億円，エネルギー・環境・情報・通信に871億円です。

　同じく研究開発に多額の費用をかけてきた**キヤノン**は，平成18年度に総額で3,083億円（連結），内訳は事務機関が1,138億円，カメラ411億円，光学機器299億円，などです。

　こうした情報は，**有価証券報告書**の「研究開発」の項に記載されています。しかも，単に研究開発にどれだけ支出したかという情報にとどまらず，その支出によって，いかなる成果を上げたかも，詳細に分析されていますから，精読したいものです。

　有価証券報告書には，そのほかにもたくさんの情報が盛り込まれています。そうした情報を丹念に読み，分析すると，思わぬところで会社の**経営計画**や**経営戦略**をうかがい知ることができます。最近では，わざわざ有価証券報告書を買わなくても，会社のホームページやインターネットで見ることができる会社が増えています。

　次の表は，2010年度における**研究開発費予定額のランキング**です。

エピローグ　よい会社の条件

	研究開発費ランキング（2010年度予定額）（単位：億円）	
1	トヨタ自動車	8,200
2	ホンダ	5,150
3	パナソニック	4,800
4	ソニー	4,800
5	日産自動車	4,000
6	日立製作所	3,950
7	東芝	3,200
8	武田薬品	3,100
9	キヤノン	3,100
10	デンソー	2,600
11	富士通	2,450
12	第一三共	1,940
13	シャープ	1,850
14	富士フイルムHDGS	1,800
15	アステラス製薬	1,690
16	エーザイ	1,640
17	三菱電機	1,440
18	三菱ケミカルHD	1,420
19	住友化学	1,260
20	三菱重工	1,200

（「会社四季報」　2009年秋号）

次の表は，2010年度における設備投資額（予定）のランキングです。

設備投資額ランキング(2010年度予定額)(単位：億円)		
1	NTT	20,200
2	トヨタ自動車	8,300
3	東京電力	7,330
4	ドコモ	6,900
5	KDDI	5,400
6	関西電力	5,400
7	JR東日本	4,550
8	新日本製鉄	3,900
9	ホンダ	3,900
10	パナソニック	3,500
11	日産自動車	3,500
12	中部電力	3,200
13	東北電力	3,110
14	日立製作所	2,900
15	イオン	2,900
16	キヤノン	2,800
17	東芝	2,500
18	シャープ	2,500
19	ソニー	2,500
20	JR西日本	2,300

(「会社四季報」 2010年秋号)

2つのランキングを比べてみますと，各社が，資金をどこに振り向けようとしているのか，各社が将来何をしようとしているのかが，読めると思います。

2 配当性向・配当率・配当倍率を読む

▷配当性向とは何か

　会社が利益を上げますと，取締役は期末に配当議案を作成し，**株主総会**に諮ります。株主総会は，わが国ではあまり機能していないので，議案のとおりに決定されることが普通です。

　会社が稼いだ利益のうち何％を配当として株主に分配するかを示すのが，**配当性向**です。

$$配当性向 = \frac{配当金}{当期純利益} \times 100 （\%）$$

　本来，利益はすべて会社の所有者，つまり株主のものですが，課税上の問題や経営政策，配当の平準化政策，あるいは株主軽視の風潮などから，わが国では利益の一部しか配当に回されません。

　配当性向は，見ようによっては，経営者の株主軽視度を表す指標であり，経営者のケチ度でもあります。

　ただ，わが国の会社は，その年にいくら稼いだかとは関係なく配当額を決める傾向があります。試しに，「**会社四季報**」でも「**日経会社情報**」でも開いてみるとよいでしょう。どの頁にも，毎年，**1株当たり配当額**を変えない会社が見つかります。

　たとえば，次に掲げる**大成建設**，**ミサワホーム**，ゼリア新薬のデータからわかるように，当期の1株当たり利益の額と配当額とはほとんど関係がありません。損失を出した期にも，同じ額の配当を行っています。

配当は，その期の利益からだけではなく，過去の利益を内部留保した部分（任意積立金など）からもできるからです。

大成建設，ミサワホーム，ゼリア新薬のデータ

■ 大成建設

	1株当たり利益	1株当たり配当額
2007年度	24.6円	3円
2009年度	▲22.9円	3円

■ ミサワホーム

	1株当たり利益	1株当たり配当額
2007年度	5.2円	0円
2009年度	▲80.4円	0円

■ ゼリア新薬

	1株当たり利益	1株当たり配当額
2007年度	▲49.0円	8円
2009年度	28.96円	8円

▷配当性向と配当率

　1株について5円の配当というのは，1株を所有する株主に，年間で5円の配当を支払うということです。古くからある会社は，額面を50円とする株式（額面株式）を発行しています。50円株の場合，年間に5円の配当ということは，額面に対して1割の配当ということですから，これを配当率1割といいます。

エピローグ　よい会社の条件

$$配当性向＝当期の利益のうち，配当として分配する割合$$
$$＝\frac{配当金}{当期純利益}\times 100（\%）$$

$$配当率＝株式の額面（または資本金）に対する配当の割合$$
$$＝\frac{配当金}{株式の額面（または資本金）}\times 100（\%）$$

5円配当の場合，会社は，期末における発行済み株式数に5円を掛けて，必要な配当額を決めるといわれています。その年にいくらの利益があったかからスタートするのではなく，その年の利益の多少に関係なく，毎年の慣例のとおり，5円配当するのに必要な金額を計算するというのです。

そうしますと，**配当率**（株式額面に対する配当の割合）を一定に固定しますと，当然ながら，当期純利益の増減に応じて**配当性向**が増減します。多くの利益を上げた期には配当性向は下がります。利益が増えても配当率が一定なのですから，利益のうち配当に回される割合（配当性向）は小さくなります。逆に，利益が少ない期には，利益のうち配当に回される部分が大きくなり，配当性向が高くなります。

わが国の会社では，このように配当性向と配当率がまったく関係なく決められることが多いようです。

▷**配当倍率——イギリスの知恵**

英米（特にイギリス）では，配当性向の計算式の分母と分子を入れ替えて，**配当倍率**を計算します。配当倍率は，英語で dividend cover といい，当期に支払われる配当の何倍の利益があったかを示すものです。

$$\text{配当倍率} = \text{配当の何倍の利益があるかを計算}$$
$$= \frac{\text{当期純利益}}{\text{配当金}} \text{(倍)}$$

配当倍率は，**配当の余裕度**なり**配当余力**を示す指標として使われています。つまり，当期の配当に無理がないかどうかを判断する指標なのです。

配当性向と配当倍率は，単に分母と分子を入れ替えただけですが，一方は経営者のケチ度の「ものさし」とされ，他方は余裕度を見る「ものさし」とされます。その国で使われる計算式（ものさし）が，すでにその国の国民性や経済感覚を物語っていて興味深いですね。

3　最近のよい会社とは

最近では，稼いだ利益の大きさといった，従来の「ものさし」とは違った面で，**よい会社かどうか**が問われるようになってきました。

「よい会社」というのは，その人の立場によって変わります。投資家であれば配当の大きい会社が「よい会社」です。従業員にしてみますと給料や厚生施設がよい会社が「よい会社」です。

就職を考える人たちから見ますと，将来性のある会社，安定性のある会社が「よい会社」でしょう。消費者なら，安心して使ったり食べたりすることができる製品・商品を作っている会社が「よい会社」です。その製品が安かったら，もっと「よい会社」です。

立場が変わると，「よい会社」がそうでなくなることもあります。大

エピローグ　よい会社の条件

きく稼いでいる会社なのですが，従業員へ払う給料を切り下げて利益を出している会社であったら，どうでしょうか。給料をたくさん払っているために人件費がかさんで利益が少ない会社もあります。こういう会社は，将来はきっと大きく伸びますが，今の株主が見ると，あまり「よい会社」には見えないかも知れません。

そうした新しい「ものさし」として，ここでは，「**環境への取り組み**」，「**消費者への対応**」，「**リスク管理**」，「**コーポレート・ガバナンス**」を紹介します。

▷**環境にやさしい**
　最近では，「環境にやさしい」ことが「よい会社」の条件になってきました。環境に配慮した製品を作る，リサイクルができる製品を作る，資源を大切にする，ゴミを出さない，社内のゴミ資源をリサイクルする，環境保全のために投資している，などなどが会社の評価に加えられてきました。

　ただ，稼ぎが大きいとか，配当がいいとか，給料が高い，といったことは，これからの会社を評価する基準としてはあまり重視されないかもしれません。

　ところで，皆さんが勤務しているところでは，ゴミ資源の回収に熱心ですか，もしかして，失敗したコピーをゴミ箱に捨てていませんか。社内から出る資源ゴミ（失敗したり要らなくなったコピー用紙，食堂の廃棄物，空き缶，空き瓶など）は，ちゃんとリサイクルされていますか。

　社内の資源ゴミがリサイクルされていないところでは，仮に，製品の一部にリサイクル製品（たとえば，再生紙など）を使っていたところで，

あるいは，その製品がリサイクルに向くように作られていたところで，それは本心から環境を考えている会社とはいえないのではないでしょうか。

▷環境会計の誕生

最近，「**環境会計**」という領域が誕生しました。企業が，環境の保護・保全にどれだけの力（お金）を注いでいるか，また，環境を破壊した場合に，どれだけ回復や環境破壊の再発防止に努力（お金）を注いでいるかを，企業が報告するものです。

これからは，会社の利益や資本の大きさだけではなく，どれだけこうした環境への配慮をしているかといったことも，会社を評価する指標の1つとして考えていかなければなりません。

▷クレーム処理

あなたの会社には「**消費者相談室**」とか「**お客様相談室**」とか，あるいは，消費者からのクレームや相談を受け付けている電話窓口がありますか。

あるときに大手のスーパーでフライパンを買いました。2〜3日も使わないうちに取っ手が緩んでしまったので取り替えてもらおうと思ってスーパーに行ったときのことです。応対した店員が，こう言うのです。「このフライパンは当店で作ったものではないので，当店には責任がありません」と。わたしは思わず，「では，おたくの店では，腐った卵を売っておいて，『わたしが産んだのではないので知りません』とでも言うのですか」，と聞いてしまいました。

ある電機屋で無線機（トランシーバー）を買ったときです。どうも調

エピローグ　よい会社の条件

子が悪いので店にクレームをつけたのですが，店員いわく，「やっぱりダメですか。」この店員は，売りつけたトランシーバーが欠陥品だったことを知っていたのです。別の客に売って返品されてきたものを，次に買いに来たわたしに売りつけたというわけです。ひどい商売をする店もあったものですね。

　筆記具についてのクレームを2つ書きます。　油性ペンを買ったときのことです。封を切って書いてみると1字も書けません。このときは，取り替えてもらおうと思い，メーカーに直接送り返しました。でも，交換どころか，お詫びの手紙もなし，でした。もう1つは，別の会社のシャープペンシルを買ったところ，芯をうまく送り出せません。これもメーカーに送り返しました。今度は，メーカーがいろいろ調査やテストを繰り返してくれて，芯の種類を代えるとよいことがわかりました。どちらもPから始まる名前の会社でしたが，前者の会社はつぶれてしまいました。後者は，PILOTです。

▷ **自社の製品を使ってますか**

　どこの会社でも，社員もその会社の製品を使う消費者なのです。**トヨタ自動車**の社員はまず間違いなくトヨタ車に乗ります。自分が買った車に不具合があれば，事細かにクレームをつけるでしょう。会社にしてみますと，社員からのクレームは，製品の手直しにとっても，新製品の開発にとっても，貴重な情報です。社員にはぜひ自社製品を使ってもらっていろいろ意見や感想を聞きたいものです。

　ところが，どう考えても，この会社の社長も社員も自社製品を使っていないなと思う製品もあります。身近な例でいいますと，袋入りの食品（ラーメンでもお菓子でも）で，袋に切り込みが入っていなかったり，切り込みが入っていても切れなかったという経験はだれもがあると思い

255

ます。切り込みの印が小さくて,どこにあるのかわからないものもあります。

多くの食品には賞味期限などが書いてあるはずですが,ほとんどの場合,どこに書いてあるのかわかりにくいですね。期日が書いてあるけど製造年月日なのか賞味期限なのかわからないといった不届きなものもあります。きっと,消費者には知らせたくない情報なのでしょう。ところで,食品にはそれぞれ「消費期限」とか「賞味期限」とか「品質保持期限」とか書いてありますが,その違いがわかりますか。

▷ **消費者の軽視**
　消費者を軽視して社会的な事件を引き起こしている会社もあります。**三菱自動車**が大掛かりなクレーム隠しをしたり,**雪印食品**が大規模な食中毒事件を引き起こしたり,**日本ハム**が国の狂牛病対策を悪用した偽装牛肉事件を引き起こしたり,**赤福**,**白い恋人**,中国産の餃子のように消費者をないがしろにした事件はあとを絶ちません。

　決算数値を粉飾したり,損失を飛ばしたり,会計を悪用した不正も株主や投資家といった国民・市民を欺くものです。**ライブドア**,**日興証券**,**カネボウ**,**加卜吉**,**メディアリンクス**……数え上げたらキリがありません。
　消費者や市民をないがしろにした経営は,必ず大きなペナルティを受けます。時には,会社を解散しなければならないとか,屋台骨が揺らぐほどの事態に立ち至ります。皆さんの会社はどうですか。

　雪印食品や**日本ハム**の事件が発覚した後,両社ともに,事件を隠そうとしたり虚偽の報告をしたりしました。前言を取り消すたびに会社の信用はがた落ちしました。**雪印**も**日本ハム**も,わが国のトップ・ブランド

エピローグ　よい会社の条件

です。それが，わずか数日，数週間で，奈落の底に落ちるのです。

　三菱自動車のクレーム隠しが報道されたとき，新聞社や雑誌社には，他の自動車会社の従業員や関係者から，おびただしい内部告発があったそうです。クレーム隠しは**三菱自動車**だけではない，ということでしょうか。**雪印**や**日本ハム**の事件が報道されたときも，他の食品会社の従業員などから「うちもやっている」という内部告発が相次いだといいます。

▷トップの責任

　こうした事件が起きると，決まって「犯人探し」が行われ，これまた決まって支社や工場のスタッフが「スケープゴート」にされます。でも，本当の犯人は，こうした不祥事や違法行為を未然に防ぐための手立てを怠った経営者なのです。事故や事件を「未然に」防ぎ，万が一にもそれが生じたときに社会に及ぼす被害を最小にするように「事前に」対策を立てておくのは，経営者の責務です。

▷リスクへの備え

　会社が，「社会に害を及ぼすリスク」もあれば，会社が「社会から害を受けるリスク」もあります。前者の例としては，今あげた食品公害，製法や製品による環境破壊，違法行為などがあり，後者の例としては，株価の暴落，為替変動，（前者の結果としての）製品ボイコット，輸出入規制，関税などがあります。

　こうしたリスクに対しては，事前に備えることができることには備えをし，事後的（事故が発生した後）に対応するべきことについては，普段から，「マニュアルを作成する」，「直属の上司を飛ばして，本社に通報するシステムを作る」，「業界としての対応窓口を作る」といった対策を立てておく必要があるでしょう。

こうした事態が生じたときにも，トップ・マネジメントが動かないこともあります。きっと，こうした会社の経営者は，側近から「都合のいい情報」だけを聞かされてきたのかもしれません。創業者が体面とか世間体を気にして，何とか責任を部下に押し付けようとしているのかもしれません。

▷コーポレート・ガバナンス

今，日本の会社が必要としているのは，創業者や社長に物言えるスタッフ・機関，支店・工場など下部の意見や情報を取り込む機関，つまり，コーポレート・ガバナンスが機能する組織ではないでしょうか。

さて，「**最近のよい会社**」の条件をいくつか書きました。ここで書ききれなかったこともあります。「従業員や取引先との約束を守らない会社」とか，「儲けすぎている会社」とか，「子会社や関連会社をいじめている会社」とか，「**よくない会社**」はいくらでもあります。皆さんが勤めている会社が，「よい会社」にグループ分けされていることを期待して，本書を終えたいと思います。

最後まで読んでいただき，ありがとうございました。

Index

（Ch○と表示してあるものはその章全体を参照してください。）

〔A～Z〕

ROA ……………………………107, 110
ROE ……………………………109－110
ROI ……………………………………107
ROIC ……………………………109－110
Zグラフ ……………………………63－64

〔あ行〕

粗利益（率）……………6, 29, 118－119
安全余裕率………………………………96
1部制の資金繰表 ……………………169
移動合計グラフ…………………………60
売上債権回転期間 ……………………118
売上債権回転率 ………………………118
売上高営業利益率……………31, 34, 84
売上高経常利益率……31, 34, 102－107
売上高総利益率 …………………30, 44
売上高当期純利益率 ……………31, 85
売上高利益率………………18, 30, 52
売上高累計グラフ………………………63
営業活動によるキャッシュ・
　フロー ……………………183, 187
営業循環基準 …………………………129

〔か行〕

片対数グラフ……………………66－68
株主資本利益率…………………………17
カレンダー式資金繰表………166－167

関係比率……………………………………42
間接法……………………………185－186
企業集団 ………………………………Ch18
キャッシュ・フロー計算書 ……Ch15
黒字倒産 ………………………………114
限界利益率………………………………89
現金資金………………………163－164
現金の範囲 ……………………………182
構成比率…………………………………42
固定長期適合率 ………153, 156－160
固定費 …………………………………Ch9
固定比率 ………153－155, 159－160
固定費率…………………………………89

〔さ行〕

財務活動によるキャッシュ・
　フロー ……………………184, 189
債務超過 ……………24, 126－128, 191
3部制の資金繰表……………174－176
資金 ……………………………………163
資金繰り ………………………………Ch14
資金計算書 ……………………………167
資金ショート …………………………24
資金表 ……………………………167－168
時系列指標 …………………………43, 47
自己資本比率……………………135－140
実数法……………………………………42
資本回転率 ……………………100－107
資本生産性 ……………………208－209

259

資本分配率 ……………………220
資本利益率……………………21, 101
純付加価値 ……………………201
生産性……………………195－196
成長性比較グラフ……………78－82
セグメント情報………………234－235
設備生産性……………212, 214－219
総資本回転率…………………102－105
総資本経常利益率……………102－105
総資本利益率…………………17, 100
粗付加価値……………………201－205
損益分岐点 ……………………Ch9
損益分岐点図表 ………………Ch9
損益分岐点比率………………88

〔た行〕

対基準年度比率………………72－75
対前年度比率…………………69－74
他社指標 ………………………43, 47
棚卸資産回転期間 ……………117
棚卸資産回転率 ………………117
他人資本分配率 ………………223
直接法……………………185－186
月別売上高グラフ……………62
手元流動性比率 ………………152
当座比率………144, 147－152, 190
投資活動によるキャッシュ・
　フロー ………………………184, 188

〔は行〕

配当性向…………………249－251

配当倍率………………………251－252
配当率…………………………250－251
標準指標 ………………………43, 47
比率法…………………………42
付加価値 ………………Ch16, Ch17, 23
付加価値生産性………………209－216
付加価値率……………………209－210
負債比率 ……………131－134, 138－140
普通グラフ……………………66－67
変動費 …………………………Ch9

〔ま行〕

見積資金繰表 …………………169
目標利益を達成する売上高………90

〔や行〕

有価証券報告書……………10, 177, 240
有形固定資産回転率
　………………100－101, 217－219

〔ら行〕

利益分配率 ……………………220
流動比率…22, 144－147, 150－152, 190
連結財務諸表………229, 240, 242－246
労働生産性……………………208－209
労働装備率……………212, 214－219
労働分配率……………………220－222

〔わ行〕

ワン・イヤー・ルール …………129

☆ 「わしづかみシリーズ」企画・監修 ☆

神奈川大学名誉教授　田中　弘

「会計」は，街角のパン屋さんでも，駅前のレストランでも使う技法ですから，本来は，「**誰にでもわかる**」，「**誰でも使える**」技術のはずです。会計データを使った「経営分析」も，誰でも使える技法です。

それが，最近では，企業の経済活動が複雑になり，それに合わせて会計も会計データの分析も複雑でわかりにくいものになってきました。

このシリーズでは，「**簡単なはずの会計**」を「**簡単にわかってもらう**」ことを目的に，**現代の会計を「ざっくりと　わしづかみ」**できるように工夫しています。

初めて会計や経営分析を学ぶ皆さんには，きっと，新しい世界を識るだけではなく「**使える会計知識**」が身に付くと思います。

本書は特に，企業経営者や管理職の皆さん，さらには投資家や銀行などで融資を担当している人たちのために「**経営と投資のための基礎的な経営分析の技法**」を紹介するものです。

ぜひ，本書で，経営分析の技法を「**わしづかみ**」して，投資や事業に役立ててください。

著者のプロフィール

田 中　　　弘（たなか　ひろし）（CHAPTER 1～3, 14～18, エピローグ）
　神奈川大学名誉教授・博士（商学）（早稲田大学）
　早稲田大学商学部卒業後，同大学院博士課程修了。
　現在，一般財団法人日本ビジネス技能検定協会会長，一般財団法人経営戦略研究財団理事長，辻・本郷税理士法人顧問，英国国立ウェールズ大学大学院（日本校）教授，一般社団法人中小企業経営経理研究所所長など。
　主な著書に『会計グローバリズムの崩壊－国際会計基準が消える日－』，『GDPも純利益も悪徳で栄える－「賢者の会計学」と「愚者の会計学」』，『「書斎の会計学」は通用するか』，『会計学はどこで道を間違えたのか』，『国際会計基準の着地点』，『複眼思考の会計学－国際会計基準は誰のものか』，『不思議の国の会計学』，『会計学の座標軸』，『新財務諸表論（第5版）』（以上，税務経理協会）など。
　「遊んだ分だけ仕事をする」がモットー。趣味は，スキー，テニス，たまにゴルフ。

山 下　壽 文（やました　としふみ）（CHAPTER 4～13）
　佐賀大学名誉教授・博士（商学）（福岡大学）
　立命館大学経営学部卒業後会社勤務，退職後福岡大学大学院博士課程修了。
　主な著書に『偶発事象会計の国際的調和化』，『BATIC・U.S.CPAのための英文会計入門』（以上，同文舘出版），『偶発事象会計論』（白桃書房），『ビジネス会計検定試験3級合格テキスト』，『ビジネス会計検定試験2級合格テキスト』，『要説新中小企業会計基本要領』（以上，同友館），『会計学のススメ』（創成社）など。
　「努力に優る道はなし」がモットー。趣味は野球観戦，回りの人たちがホークスファンに転向する中，一貫してライオンズファン。

わしづかみシリーズ
経営分析を学ぶ

2010年8月1日　初版第1刷発行
2023年11月1日　初版第8刷発行

著　者	田中　　弘
	山下　壽文
発行者	大坪　克行
発行所	株式会社 税務経理協会

〒161-0033東京都新宿区下落合1丁目1番3号
http://www.zeikei.co.jp
03-6304-0505

印　刷　光栄印刷株式会社
製　本　牧製本印刷株式会社

本書についての
ご意見・ご感想はコチラ

http://www.zeikei.co.jp/contact/

本書の無断複製は著作権法上の例外を除き禁じられています。複製される場合は，そのつど事前に，出版者著作権管理機構（電話03-5244-5088，FAX03-5244-5089, e-mail: info@jcopy.or.jp）の許諾を得てください。

JCOPY ＜出版者著作権管理機構 委託出版物＞

ISBN 978-4-419-05478-6　C3034

© 田中　弘・山下壽文 2010 Printed in Japan